核心素养视角下的初中道德与法治教学实践研究

刘国艳◎著

武汉理工大学出版社

图书在版编目（CIP）数据

核心素养视角下的初中道德与法治教学实践研究 /
刘国艳著 . -- 武汉：武汉理工大学出版社，2025. 6.

ISBN 978-7-5629-7471-0

Ⅰ . G633.202

中国国家版本馆 CIP 数据核字第 2025T8W408 号

责任编辑：严曾
责任校对：尹珊珊　　　　　　　　排　　版：任盼盼
出版发行：武汉理工大学出版社

社　　址：武汉市洪山区珞狮路 122 号
邮　　编：430070
网　　址：http : //www.wutp.com.cn
经　　销：各地新华书店
印　　刷：天津和萱印刷有限公司
开　　本：710×1000　　1/16
印　　张：12
字　　数：201 千字
版　　次：2025 年 6 月第 1 版
印　　次：2025 年 6 月第 1 次印刷
定　　价：75.00 元

随着全球化与信息化时代的到来，社会对人才的需求发生了深刻变化，单纯的知识储备已无法满足未来社会发展的需求。为应对这一挑战，我国基础教育课程改革将"核心素养"确立为育人目标，强调培养学生适应终身发展和社会发展需要的必备品格和关键能力。初中道德与法治课程作为落实立德树人根本任务的关键课程，在培养学生核心素养方面肩负着重要使命。传统的初中道德与法治教学存在重知识灌输轻价值引领、重理论说教轻实践体验等问题，难以有效促进学生核心素养的发展。核心素养视角下的初中道德与法治教学强调以学生为中心，以真实情境为教学载体，以解决问题为导向，引导学生通过自主、合作、探究等方式，助力其在价值判断、道德实践、法治意识、公共参与等方面获得全面发展。

基于此，本书围绕"核心素养视角下的初中道德与法治教学实践研究"这一主题展开论述。第一章对核心素养的概念、学生发展核心素养的能力与框架以及初中学生政治素养培育的重要性进行阐述。第二章聚焦初中道德与法治教学的主要内容，分别从德育教育、劳动教育和集体主义教育三个方面展开分析，强调道德与法治课程不仅是知识传授的过程，更是培养学生正确价值观、社会责任感和实践能力的关键载体。第三章探讨核心素养视角下的初中道德与法治大单元教学设计，分析大单元教学的概念、理论基础、必要性和可行性，并提出科学的设计策略，以增强道德与法治课堂的系统性、连贯性和实践性，提升学生的深度学习体验。第四章重点研究核心素养视角下初中道德与法治教学方法的运用，分别介绍情境创设、议题式教学和案例教学法在初中道德与法治教学中的应用。其中，通过情境化教学激发学生的兴趣，通过议题探讨提升学生的思辨能力，通过案例分析增强学生的法治意识和道德判断能力，全面提升课堂教学的实效性。第五章围绕核心素养视角下初中道德与法治课堂的学习评价体系展开讨论，深入探究学习评价的要素与价值，分析其理论依据与基本原则，并提出优化策略。第六章关注核心素养视角下师生的培育及技术应用，提出教师提升自身专业素养的途径、学生在道德与法治教学中培养创新意识的方法，同时探讨多媒体技术在初中道德与法治教学中的应用，以适应信息化时代的教育需求。

本书旨在为广大初中道德与法治教师、教育研究者及相关从业人员提供理论指导与实践参考。本书基于核心素养视角，系统探讨道德与法治课程的教学设计、教学方法、学习评价以及师生发展，力求构建科学、高效的课堂教学体系。教育的价值不仅在于知识的传递，更在于价值观的塑造与社会责任感的培养。本书紧跟教育改革趋势，强调学科的育人功能，倡导以学生全面发展为中心的教学理念，希望能为一线教师提供教学创新的思路，为教育研究者提供实践案例和理论支持。期待本书能在推动初中道德与法治课程改革、提升教师专业素养、促进学生核心素养发展的过程中发挥积极作用。同时，在新时代教育变革的浪潮中，我们热忱地希望与广大教育工作者携手并进，探索更加科学、高效的教育创新之路，共同培养具有理想信念、社会责任感和实践能力的高素质人才，为社会和国家的可持续发展贡献力量。

刘国艳

目 录

第一章 绪 论

在全球化与信息化的浪潮中，教育面临着前所未有的挑战与机遇。核心素养的提出恰逢其时，为教育改革指明了方向。它强调学生应具备适应终身发展和社会发展需要的关键能力与品格，是培养全面发展人才的核心要素。初中阶段作为学生成长的关键时期，政治素养的培育尤为关键，关乎学生价值观的形成与社会责任感的培养。本章将深入探讨核心素养的内涵、学生发展核心素养的能力框架，以及初中学生政治素养培育的重要性，为教育实践提供理论支撑与指导。

第一节 素养与核心素养

一、素养

素养是指沉淀在每个人身上，对人的发展、生活、学习有价值与意义的特质，也就是一个人在某种特定的生活环境下，在生命成长过程中形成的习惯与思维方式。

（一）素养的相关关系

1. 素养与素质的关系

素养与素质的关系具有内在的逻辑性与递进性。素质作为人类先天条件与后天条件的综合体现，构成了素养发展的基础和前提，其不仅涵盖生理和心理层面的特质，还包括文化积累与思想深度等方面的潜能，这些因素共同决定了个体发展的水平与质量。从某种意义上讲，素质的多样性和差异性直接影响素养形成的方向与深度。

素质对个体行为模式和能力的塑造具有决定性作用，其不同表现既可以是天赋技能的体现，如音乐感知力、空间想象力或记忆能力，也可以是道德品行的基础，如善良或正直。虽然素质的差异性决定了每个人在不同领域的潜在发展路径，但这种潜力的实现依赖后天环境的激发与培养。通过教育与实践的长期积累，素质的持续优化可以促使个体素养的进一步完善。

素养则是一种更为外显的个体表现，具体体现为人的思想水平、行为方式与文化修养等方面的整体素质在社会实践中的表现。它是在素质的基础上，经过文化熏陶与道德教育等多方面影响所形成的一种综合能力。素养不仅反映了个人适应社会环境的能力，也体现了其在文化传承与创新中的作用。由此可见，素质作为先天条件和后天条件的内在结构，决定了个体素养发展的可能性，而素养则是素质的延展与外化。

从广义的视角来看，素质是素养的上位概念，二者既相互联系，又相互作用。素质的生理、心理层面为个体的成长奠定了基础，而思想与文化的进步则推动素质向更高层次发展，进而促进素养的形成与升华。素质的持续提升能够使个体更好地适应复杂的社会要求，进而在思想、文化与道德领域展现出更高水平的素养。

2. 素养与教养的关系

教养作为素养的表现形式之一，体现了个体通过教育与训练后形成的思想品格、行为方式与文化素质。教育赋予个体知识和技能，同时塑造其道德品质与精神境界，从而促使其素养的养成与完善。在社会文化的发展背景下，教养不仅是个体适应社会规范的标志，也是其创造力与社会责任感的重要体现。

广义上的教养涵盖了素养的整体内容，反映了个体经过长期文化熏陶与道德教育后形成的综合能力。这种能力既包括知识体系的构建，也涉及情感、态度与价值观的培养。狭义上的教养更注重人的道德品质，体现了个体在社会实践中表现出的行为规范与品格修为。无论从广义还是狭义的角度来看，教养的形成都需要通过教育与修炼的持续作用，并在实践中不断深化。

素养的形成不仅依赖教养的培养，还受个体潜能与环境因素的共同影响。尽管教育在素养发展中的作用不可忽视，但素养更多地表现为一种内在的修养与涵养，是个体在知识与道德基础上经过长期自我反思与实践锻炼逐步形成的综合品质。因此，教养与素养并非简单的因果关联，而是相辅相成、互为表里的统一体。教养通过外显的教育成果丰富了素养的内涵，而素养则在教养的基础上展现出更深层次的个人品质与文化修养。

教养不仅是素养的重要组成部分，也是促进素养形成的有效途径。通过教育与训练，个体能够在思想境界、行为规范与文化积淀等方面不断提升，从而使素养在更高层次上得以体现。教养所带来的外在规范与素养孕育的内在品质共同作用于个体发展，为社会文化的传承与创新提供了有力支撑。

（二）素养的主要体现

精神长相是个人素养的外在表现，可以透过一个人的精神长相了解他的内在素养。一个人的素养、学识、智慧、道德、态度、品格、思想、精神等都会通过其言行举止和神态表情表现出来。

1. 素养体现的是人格

素养是个体内在心理品质和外在行为的统一呈现。人格作为先天因素与后天环境相互作用的产物，呈现了个体在价值观、道德观和心理素质等方面的稳定特征。人格的核心在于构建完整的精神世界，包括个体的性格、气质以及行为模式，这些特质通过思想、情感和行为的表达使个体形成独特的个性特征。

人格是中性的，其构成要素包括性格和气质。素养则体现了人格中的积极面，即道德完善与精神境界的提升。只有当个体具备良好的性格与气质，才能展现出高水平的素养。素养不仅反映了个体在行为上的文明程度，更展现其内在精神世界的深度和格调。从教育学的意义来看，人格是精神世界的整体构建，代表了个性中具有文化价值和审美意义的内涵，特别集中表现在道德领域。人格水平通常被视为道德品质的评价标准，而素养的优劣正是人格道德层次的重要体现。

教育在培养人格与提升素养方面起着至关重要的作用。通过对精神领域的教育，特别是道德品质的塑造，个体能够实现人格的完善与精神世界的丰盈。教育者的任务不仅在于知识传授，更在于培养个体正确的价值观念和健全的心理素质，使其成为品德高尚、素养卓越的人。素养作为人格的外化表现，最终体现为个体在社会实践中的行为表现和思想深度，它既是个体修养的结果，也是教育引导的目标之一。

2. 素养反映的是行为习惯

素养是个体长期生活实践中逐步形成的稳定行为模式与价值取向的综合反映。行为习惯既是一种思维方式的表现，也是个体在社会环境中的处世哲学，其核心在于对自身与环境的协调能力。良好的行为习惯能够激发个体的创造潜能与创新能力，推动其在各方面取得进步；相反，不良的行为习惯则可能对个体和周围环境产生消极影响，限制其发展空间。

行为习惯的形成与改变具有可塑性。虽然不良习惯可能对个体产生负面影响，但通过科学的引导与教育，这些习惯可以被有效纠正。在教育实践中，行为习惯的改变常表现为一种动态的平衡。例如，固定的日常模式与规则为行为习惯的稳定性提供了支持，而教育对象与环境的变化则推动了行为习惯的适应与更新。这种动态调整不仅体现了行为习惯对环境变化的适应能力，也反映了素养在包容与接纳中得以提升的过程。

行为习惯的培养与优化需要以积极的态度应对时代与环境的变化。在这一过程中，教育者的角色至关重要，他们需主动调整自己的思维模式与行为习惯，以顺应教育的发展需求和学生的成长规律。这种调整既有助于塑造教育者的自身素养，也为学生的素养形成树立积极榜样。素养作为行为习惯的核心内容，展现了个体在复杂环境中的适应能力与创新能力，是个体成长与社会进步的重要基石。

二、核心素养

（一）核心素养的内涵

核心素养培育的思想基础是"人的全面发展"，具体诠释人们经历教育后应当具备的基本素养和能力，以及未来应成为怎样的人才。"核心素养"是人民适应现实生活及面对未来挑战所应具备的知识、能力与态度，也是现代人获得成功生活与构建功能健全社会所需的素养。①核心素养是知识、技能与态度等的综合表现，不是囿于某单一学科的知识与技能，而是非情境化的，适用于不同学习领域和情境中。各国各地区核心素养体系中的指标大多可按照经济合作与发展组织的架构划分为人与工具互动、人与自己互动、人与社会互动，从分类框架上体现综合性。

---

① 蔡清田. 核心素养的学理基础与教育培养 [J]. 华东师范大学学报（教育科学版），2018, 36 (01): 42-54+161.

核心素养的价值取向在于满足个人发展与社会发展的双重需要。在个人的自我实现与发展方面，核心素养能够为人们追求生活目标提供帮助，为实现个人兴趣及终身学习的愿望提供动力，有助于满足个人"优质生活"需求，获得个人成功的人生。在社会发展方面，核心素养可以帮助每个人建立公民身份、行使公民权利、积极融入社会，支持个人在社会文化网络中积极回应情境的要求与挑战，保障社会的稳定和发展。

（二）核心素养的特征

1.普遍性

核心素养的普遍性体现在其作为适应多种情境和领域所需的基本能力，是个体在成长与社会适应中不可或缺的共同要求。核心素养超越了特定情境和个别学科的局限，强调跨领域、跨情境的适用性，是所有学习领域和教育目标的共同指向。它不仅关注学科内知识的传授，更关注学生在多种情境中解决问题的实践能力，以及适应快速变化的社会所需的综合能力。

核心素养具有超越具体情境的共性。普通素养的生成通常依赖特定情境中的互动，而核心素养则强调在广泛的场景中发挥作用。它不是某一领域的专属要求，而是能够适应所有学科和社会活动的基础性能力。核心素养的普遍性要求其内涵具有跨学科的特点，关注个体通过多学科的协作与整合，培养个体适应社会复杂需求的能力。这种普遍性在于其不仅限于学科知识的学习，还包括方法、态度和能力的综合发展。

核心素养表现为学会学习的能力，这是适应当今社会知识加速迭代的重要途径。通过培养核心素养，学生能够掌握科学的学习方法，发展认知技能、信息处理技能和创新能力。这种学习能力的培养并非局限于某些特定学科，而是贯穿所有学科教学的全过程，是学科课程体系共同的价值目标。

核心素养的普遍性反映了教育对于未来社会需求的前瞻性要求。它要求学生通过教育过程养成主动学习的意识，具备终身发展的能力，以应对未来社会中各种复杂而多变的挑战。这种普遍性使核心素养成为现代教育体系中不可或缺的组成部分，也是促进学生全面成长的关键所在。

2.生长性

核心素养的生长性体现了其动态发展的特质，是一种可教、可学且不断完善的能力体系。学生核心素养的形成是一个逐步深入的过程，既受到外部环境的影响与引导，也伴随个体自身的主动探索与经验积累而不断发展。在教育过程中，核心素养通过科学的课程设计和教学规划得以培养，并随着学生社会经验的积累与个体发展需求的变化而不断丰富其内涵，展现出开放性和延展性。

生长性表现在核心素养从教育阶段到社会实践的持续发展过程中。在校期间，学生通过参与课程和活动的有序训练，逐步掌握系统化的知识和技能，并且能够在学校和家庭环境中灵活运用。随着学生进入社会，面临更为复杂的情境，核心素养中的能力要素通过实践进一步提升。通过真实情境中的互动与反思，学生逐渐深化对核心素养的理解，形成更加全面、多样化的能力体系，以适应社会的多元需求。

核心素养的动态发展不仅体现为知识与技能的积累，也反映在个体行为意向和技能水平的逐步提升中。它通过外显行为得以呈现，能够以适当的理论为依据进行测评。例如，社会责任意识这一核心素养从个体对家庭责任的初步认识逐渐发展到对更广泛社会责任的深刻理解，这一过程贯穿学生的成长与发展。随着认识视角的拓展，学生能够从更高层次理解自己在社会进步与集体发展中的作用，并以积极态度践行社会责任，将个人价值与社会需求有机结合。

核心素养的生长性揭示了其动态特质，使核心素养不仅在特定阶段发挥作用，更伴随个体的终身学习与发展。通过教育的系统引导与个体的实践探索，核心素养不断延展，最终构成个体适应现代社会、推动社会发展的重要能力基础。

3. 统整性

核心素养的统整性体现为多维要素的有机结合以及个人发展与社会需求的相互统一。在内涵上，核心素养融合了知识、能力、态度、价值观和情感等多重元素，构成了一个完整的教育目标体系。这一特质突破了以往单纯聚焦于知识与技能的限制，将情感、态度与价值观纳入教育的核心内容，从而使教育更全面地反映个人发展的多方面需求。

核心素养的统整性超越了传统教育中知识与能力对立的固有框架，强调个体不仅需要具备获取知识与技能的方法，还需要形成积极的情感态度与价值观，进而实现全面发展。这种统整性包含稳定的个体特质、学习成果、信念系统、行为习惯以及其他心理特征，并在各因素中突出态度与反思的重要性。核心素养旨在使个体具备适应复杂社会需求的能力，同时能够通过自主学习和反思实现个人目标，既纠正了传统教育中对情感态度与价值观关注不足的偏向，也进一步彰显了教育目标的系统性与综合性。

核心素养在个人与社会的双重需求之间实现了统整性平衡。其价值追求不仅致力于实现个体全面发展，还在于培养学生为社会良好运作做出积极贡献的能力。这种双向结合使核心素养既能满足个人终身学习与发展的需求，也能服务社会整体的持续进步。以合作参与能力为例，当今社会的发展趋势和全球性问题带来的挑战要求个体具备良好的合作能力，这不仅是个人在竞争中取得成功的关键因素，也是社会应对复杂问题的有效手段。因此，合作参与能力作为核心素养的重要组成部分，既反映了社会分工与协作的现实需求，也体现了个体成长与社会发展的内在关联。

核心素养的统整性展现了其兼顾多维度教育目标和服务个体与社会双重需求的能力，奠定了教育体系全面发展的基础，使其在促进个体能力提升的同时，也为社会整体进步注入持续动力。

4. 系统性

核心素养的系统性体现在纵向发展的层次性和横向交互的整合性，是多维因素相辅相成、相互促进的有机体系。

从纵向视角来看，核心素养的生成经历了从生理到心理，再到文化和思想的逐步递进过程，形成了内在逻辑上的层次递进关系。生理层面为心理层面的发展奠定基础，而心理层面则进一步为文化和思想层面的生成提供条件。这种基础性体现在发生顺序上的前后逻辑关系，以及在内容层面上后续发展的萌芽状态潜藏于前期层面之中。这种纵向发展模式强调核心素养的整体性和综合性，要求素养的培养贯穿不同教育阶段并具备系统化的设计。

从横向视角来看，核心素养的各个要素并非孤立存在，而是通过交互作用和相互渗透形成动态且具有整体性的发展结构。这种横向的系统性表现为各素养之间的协同关系，例如，反思能力和自我认知素养在培养过程中彼此促进，进一步强化了素养间的协同性与综合性。反思能力的提高使个体能够更为深入地审视自身行为和方法，而自我认知素养的发展则增强了对自身心理特质和社会角色的合理认知与评价能力。这种素养间的互动机制不仅反映了核心素养的多元功能与实践价值，也凸显了其复杂性和长期性。

核心素养的系统性不仅在内容上整合了纵向和横向的多重关系，还通过实践的整合方式体现出其作用。例如，通过培养反思能力，学生能够更为有效地调整学习策略，优化行为决策，进而提升学习效能。而在课程设计与教学实施中，核心素养引领的改革则可以在纵向上实现教育阶段的连贯性，确保不同阶段的目标一致；在横向上促进课程领域的融合统一，推动不同学科领域之间的协同发展，不仅能提升教师的教学效能，也能激发学生的学习动力，为核心素养的长期发展奠定了坚实基础。

（三）核心素养的维度

1. 人与自我维度

人与自我维度指的是作为具有社会性的个人应该能够准确评估自己的能力与目标、了解自己的权利和义务，进而为更好地适应现代生活奠定基础。在现代社会发展过程中，人只有认清自己，才能够更好地生存与发展。人与自我维度主要包括自我理解、反思能力、创新精神以及实践能力四个层面的内容。

（1）自我理解

自我理解素养是个体对自身思想、情感、行为、态度以及信念的认知与反思能力，是个体构建自我概念的重要基础。作为一种系统性的素养，自我理解涉及个体对生理、心理和社会存在的全面认知。自我理解素养的构建不仅是个体全面发展的必要前提，更是个体实现社会性发展的关键。通过自我理解，个体能够认识自身的优势和劣势，明确自身在社会中所扮演的角色，进而实现更好的自我管理与社会适应。

在生理层面，自我理解表现为对自身身体状况、生物特性及生理功能的科学认知。这种认知包括对自身健康状态的监测和管理能力，以及对自身生理需求的合理规划。生理自我理解能够帮助个体建立健康意识和身体自律能力，为心理层面和社会层面的发展奠定基础。

在心理层面，自我理解是指个体对心理活动、情绪状态以及心理特质的深刻认知。这种认知包括对自我内在需求、动机、价值观以及情感的辨识能力。通过心理自我理解，个体能够实现对内在心理矛盾的有效调适，增强心理弹性，从而在面对挑战和变化时表现出更强的适应力和韧性。

在社会层面，自我理解则关注个体在社会关系中的角色定位以及社会行为的反思能力。它包括对个体与他人、群体以及社会整体之间关系的认知和评价。这一层面的自我理解能够帮助个体更好地融入社会，承担责任，履行义务，同时推动其社会性发展的深化。

（2）反思能力

反思能力素养是一种将所见、所闻、所思进行批判性的分析与探究性思考的综合能力，包含情感、意志与认知等多重维度。在个体发展过程中，反思能力不仅是自我完善的重要途径，更是推动社会进步的重要动力。它的核心在于个体对知识、行为和经验的深刻分析与批判，进而实现对未来行为的优化与改进。

反思能力涉及自我意识，即个体能够敏锐觉察和密切关注自己的行为、思维方式及其可能产生的后果。这种觉察为个体的行为调整提供了基础，是反思活动顺利展开的前提。反思能力涉及意志力和自我评估。意志力能够帮助个体在反思过程中保持专注和耐心，尤其在面对困难和挑战时；自我评估是指个体通过反思，对自身能力、行为和态度做出客观评价，以便制订更为合理的行动计划。

（3）创新精神

创新精神是指个体在解决问题或创造新事物时表现出的独特心理倾向与内在品质，不仅是个体发展的关键素养之一，也是推动社会与技术进步的重要动力源泉。创新精神作为一种积极、稳定的心理特质，涵盖了创新意识与创新品质两大层面。

创新意识是创新精神的基础，体现为个体对新颖事物的敏感性以及对传统思想的质疑精神。这种意识驱动个体不断寻找改进现状的方法，渴望通过创造性思维实现对问题的创新性解决。创新意识的培养不仅增强了个体的思维灵活性，还帮助其在复杂情境中找到新的发展路径。

创新品质是创新精神的核心，包含个体在创新活动中表现出的坚持不懈、勇于冒险和适应变化的特质。创新品质要求个体不仅能够提出新颖的想法，还能够将这些想法转化为具体成果。它需要个体在面临挫折时表现出毅力，并在不确定性中保持对成功的信念。

（4）实践能力

实践能力素养是个体将所学知识转化为实际行动以解决现实问题的综合能力。它是知识、技能与心理品质的有机结合，是个体适应社会需求、提升自我价值的重要表现形式。在终身学习的时代背景下，实践能力的培养已经成为教育的核心目标之一。

实践能力在具体层面上可分为知识型实践能力和操作型实践能力。其中，知识型实践能力关注个体对知识的理解和应用能力，要求个体能够在不同情境中灵活调动和运用知识；操作型实践能力则关注个体在实际操作中的技能表现，强调实践过程中的动手能力与技术应用。

实践能力的培养不仅是技能的训练，还涉及心理品质的提升，同时在实践过程中表现出自信、耐心和创造力。通过实践，个体能够更深刻地理解知识的实际意义，增强学习的主动性和积极性。

2. 人与社会维度

人与社会维度是指个体在社会生活中为适应现代社会环境所需的基本能力和素养的综合表现。这一维度突出个体的社会性特点，体现了人与社会环境的密切关系。只有置身于社会生活场景，个体才能真正实现其作为"人"的社会属性。人与社会维度涵盖合作参与、社会责任和国际理解三个核心内容，这些内容不仅是个体社会适应能力的重要表现，也是推动社会持续发展的关键动力。

（1）合作参与素养

合作参与素养是指个体为实现共同目标，与他人协同努力时展现出的能力、态度和品质的综合表现。在现代社会中，合作不仅是一种能力，更是一种必不可少的生存方式。从工作场所到社区生活，个体时刻处于需要与他人互动和协作的情境中。合作参与素养具体包括合作参与意识、合作参与技能和合作参与品质三个层面。

合作参与意识是合作素养的基础，是指个体对团队合作和集体目标重要性的认知与认同。这种意识使个体能够主动寻求与他人合作，共同解决问题或完成任务。此外，合作意识还体现在对多样化观点的尊重上，个体需要认识到团队中每一位成员都能为整体目标的实现做出独特贡献。

合作参与技能是指个体在合作过程中表现出的沟通、协调和解决冲突的能力。高效的合作需要良好的沟通技巧，具体包括清晰表达自己的想法、认真倾听他人意见以及妥善调解团队成员之间的分歧。此外，合作技能还要求个体具备团队管理能力，能够合理分工、有效整合资源，从而确保团队目标的顺利实现。

合作参与品质是合作素养的核心，包括尊重、信任、宽容、责任心和坚持不懈的态度。在团队合作中，尊重和信任为成员之间的关系筑牢根基，宽容使团队能够更好地应对冲突和挑战，责任心和坚持不懈的品质则确保了个体在面对困难时依然能够专注团队目标的实现。

（2）社会责任素养

社会责任素养是指个体在与家庭、集体、社会和自然的关系中，表现出的对职责、任务和使命的认知与行动能力，其核心在于个体能够认识到自己对社会发展乃至人类未来所肩负的责任。社会责任既是现代社会赋予每个人的义务，也是衡量个人社会化程度的重要指标。社会责任素养包括诚信友善、勇于担当、法治意识和生态意识四个方面。

诚信友善是社会责任的基本表现形式。其中，诚信是人与人之间建立信任的基础，是维系社会秩序的重要纽带，而友善则体现为个体在社会交往中对他人表现出的善意与关怀。一个具备诚信友善素养的个体，不仅能够履行自身的承诺，还能够以积极的态度与他人建立和谐关系，从而推动社会的和谐发展。

勇于担当是社会责任的核心内涵之一，意味着个体在社会生活中能够主动承担应有的责任。无论是在家庭、职场还是公共事务中，勇于担当的人总是敢于直面问题，解决困难，为集体和社会的利益做出贡献。

法治意识是现代公民的重要素养，是指个体对法律法规的尊重和遵守意识，以及运用法律维护自身权益和履行社会义务的能力。具备法治意识的个体不仅能够遵守法律法规，还能在必要时通过合法途径推动社会的公平与正义。

生态意识是指个体对自然环境保护的认知与实践能力。随着环境问题日益严峻，生态意识的重要性越发明显。具备生态意识的个体能够认识到人与自然的共生关系，并通过具体行动减少对环境的破坏，推动环境可持续发展。

（3）国际理解素养

国际理解素养是指个体对国际社会、多元文化和人类共同命运的关切与认知能力。随着全球化进程的加速，国际理解素养成为现代人不可或缺的能力，它不仅能够帮助个体在跨文化交流中表现出包容和尊重，而且能够使其更好地参与全球事务。国际理解包括对历史文化的欣赏以及全球视野的拓展。

历史文化的欣赏是国际理解素养的基础，要求个体不仅要了解本国文化的特点，还要对世界其他地区的文化给予理解与尊重。这种欣赏有助于个体形成文化自信，同时避免文化偏见，为跨文化交流奠定基础。

全球视野的拓展是指个体能够从全球的宏观角度看待问题，并理解不同国家和地区之间的联系与互动。这种视野要求个体关注诸如气候变化、贫困、和平与安全等全球性议题。通过培养全球视野，个体能够在更广阔的范围内思考自身的角色与责任。

3.人与工具维度

人与工具维度涉及个体通过语言、符号、信息技术等手段与外界进行有效互动的能力。在当今科学技术飞速发展的背景下，合理运用各类工具已经成为改造世界的根本途径。因而，如何高效地运用这些工具与技术成为社会发展进程中的关键问题。语言运用和信息素养作为人与工具核心素养的两个重要组成部分，决定了个体在社会中的生存与发展能力。

（1）语言运用

语言运用素养体现了个体在特定语言环境下，凭借自身掌握的语音、词汇和语法知识进行交流、理解与创造性表达的能力。合理有效的语言运用不仅是个体与社会互动的基础，也是人与社会关系的关键纽带。通过语言，个体能够传递思想、表达情感、实现意图，并在多种社会情境中实现有效沟通。语言运用素养不仅包括母语的使用能力，还包括外语的掌握与应用能力。随着全球化进程的推进，外语已成为个体进入更广阔社会、文化与经济领域的必备工具。在当代社会的发展中，语言运用素养占据着重要地位，决定了个体在多元化社会中如何有效地进行文化交流、学术合作以及经济活动。

（2）信息素养

信息素养是指个体在信息化时代，运用现代信息技术获取、利用、评估、加工与传播信息的能力。这一素养的核心在于帮助个体更好地适应信息爆炸的时代，确保其能够高效地从海量信息中筛选、分析并利用有效信息。在信息社会中，信息的价值和有效利用，成为决定个体是否能在竞争激烈的环境中脱颖而出的关键因素。信息素养不仅仅是对信息的获取和处理能力，还包括对信息的伦理认识和道德判断。信息意识作为信息素养的第一要素，要求个体具备对信息的敏感性和主动获取信息的态度。信息知识是指个体对信息来源、类型和流通途径的熟悉程度，这为信息的有效使用奠定了基础。信息能力涉及个体如何利用信息技术手段对信息进行高效的整理、分析与应用。信息道德则要求个体在使用信息时能够遵循相关伦理规范，确保信息的合法性与合理性，避免信息滥用和信息误导。

（四）核心素养的价值

核心素养是指个体为适应社会发展与技术进步须具备的基础能力和素质，它不仅涵盖知识学习，还包括技能、态度与价值观的全面发展。随着社会环境的不断变化和科技的迅猛发展，核心素养的培养已成为现代教育的重要任务，尤其在面对全球化、信息化、智能化带来的挑战时，核心素养的价值愈加突出。

1. 适应社会诉求与技术发展

在当今全球化和知识经济快速发展的背景下，教育不仅是知识传授的过程，更是培养能适应时代需求、推动社会进步的创新型人才的关键所在。核心素养的提出，正是为了响应社会对人才培养的新要求。随着科技和社会结构的变化，传统的教育模式已经无法满足现代社会对于人才的多元需求，尤其在信息技术、国际化沟通、创新能力等方面。因此，教育决策必须结合社会的发展趋势，以满足不同领域对人才的多样化需求。

现代社会强调文化共荣、科技进步与全球合作，要求人才须具备跨文化交流、科学技术应用、信息获取与处理等多方面的素养。核心素养体系涵盖了外语能力、符号运用、文化认同、国际化视野、团队合作、科学技术素养以及信息素养等关键能力，这些素养不仅符合当前科技快速发展的要求，还能够帮助个体应对复杂多变的全球环境。因此，核心素养不仅是培养学生知识体系的关键，也是帮助他们更好融入快速变化的社会与科技领域的基础。

科学技术的进步为社会带来了新的挑战与机遇。核心素养体系能够为学生搭建一个全面的、具有跨学科能力的教育框架，使其不仅能掌握专业知识，还能培养创新精神与实践能力，为社会的持续发展提供强有力的支持。核心素养的培育使学生能够在未来社会中成为具有社会责任感、能够主动适应并引领科技发展的多元化人才。

2. 关注终身学习与全面发展

终身学习与全面发展既是素质教育的基本原则，也是核心素养体系的核心价值之一。随着知识更新速度的不断加快，如果学生缺乏持续学习的能力，就容易被时代的发展所淘汰。学科核心素养是学科育人价值的集中体现，因此，落实核心素养成为教学的必然要求。[①] 核心素养不仅仅是为了让学生获得某一时刻的知识和技能，更重要的是培养学生终身学习的能力，使他们能够适应未来社会的变化。终身学习要求个体能够根据自身需求和能力，自主选择学习内容与学习方式，持续更新自己的知识和技能。

核心素养中的信息素养、阅读能力、媒体素养、独立学习能力、探究精

① 王海艳. 浅议核心素养在政治教学中的实施策略 [J]. 黑河学刊，2018(4)：130-131.

神、自我反思能力等都是终身学习的关键要素。信息素养强调个体能够有效获取、评估、分析和应用信息，这在信息化社会中尤为重要。随着信息技术的迅猛发展，个体不仅需要了解如何获取信息，还应具备筛选和判断信息价值的能力。阅读能力和媒体素养则帮助学生更好地理解和运用各种信息资源，并对信息的真实性和可靠性作出准确判断。

核心素养强调学生的全面发展，致力于实现知识、技能、态度与价值观的综合提升。世界各国的核心素养体系普遍强调这一点，它不仅限于某一学科的知识和技能，更多地注重学科间的综合性和交叉性。核心素养框架体现了人与工具、人与自己、人与社会等层面的互动和发展，强调学生不仅要具备学科知识，更要在生活、工作和社会交往中展示出自我调节、合作、创新等多方面的能力。

3. 促进自我认同与自主行动

学生通过自我认同，能够清晰认知自己的优势与劣势，理解自己在社会中的位置和角色，从而确立个人发展目标，增强个人的责任感和使命感。自我认同不仅是心理层面的认知，它还影响着学生的行为和决策。只有认识到自己的潜能和局限，个体才能更好地规划自己的发展路径，发挥自身优势，克服不足。

核心素养强调自主行动，帮助学生将自我认同转化为实际行动。这一过程需要学生具备良好的问题解决能力、实践能力和创新思维。随着社会信息的增多，个体面临的问题和挑战日益复杂，如何应对不确定性和复杂性的问题成为现代社会对人才的基本要求。核心素养体系中的主动探索、系统思考、创新应变能力等素养，正是为了帮助学生提升应对复杂问题的能力，使其能够在快速变化的社会环境中灵活调整自己的行动策略，保持竞争力。

此外，自主行动还涉及学生的自我管理与自我规划。随着全球化和社会多元化的发展，个体不仅需要具备专业的知识和技能，还需要具备足够的自信和果断的决策能力，能够主动承担责任，独立解决问题。在这种背景下，核心素养体系中的自我调节能力、规划能力和自我反思能力显得尤为重要，它们能够帮助学生不断审视自己的行为与目标，确保其行动符合社会和个人的长远发展需求。

4. 重视生活品质与生存质量

核心素养基于适应现在及未来社会发展的需要，如同高楼大厦的坚实根基，其稳固性决定了楼房的高度与坚韧度，因而核心素养的培育对个体的终身发展具有至关重要的奠基与导向作用，关乎个体的生活品质和生存质量。

核心素养除了能满足个体立足社会、生存发展的必备能力需求之外，还涵盖个体的个人品质、文化素养和精神境界，不仅影响着他们与社会、自然的相处模式和互动方式，也决定着日常生活的品位和品质，为个人追求其生活目标提供支持，真正体现了以人为本的教育思想。

核心素养帮助个体提升公民意识，促进个体与社会环境自主互动，从而产生成就感和愉悦感，例如，核心素养体系中包含的语言交往能力、合作能力、表达能力等。因此，核心素养不仅能满足个体包括学习、工作、生活在内的各个领域的重要需求，还能使个体与他人建立起亲密的关系，更好理解他人和自身所处的世界，与社会展开良性互动，从而拥有美好生活。

第二节 学生发展核心素养的能力与框架

一、学生发展核心素养的能力

在教育的语境下，素养不仅仅是知识的积累，更是个人综合能力的体现，涉及心智、情感、社会技能等多个方面。核心素养作为素养体系的核心，是学生在整个学习和生活过程中逐步形成并不断提升的关键能力。它是个体应对复杂社会生活、工作挑战、跨文化交流等方面的必备素质。教育的最终目的是帮助学生提升核心素养，使之具备更好的人际沟通、思维判断、创新实践和自我管理的能力。具体可以从多个层面来理解学生的学习能力，其中最为基础和核心的能力包括阅读能力、思考能力和表达能力。这些能力是学生学习过程中不可或缺的要素，它们相辅相成，共同推动学生的智力发展与个性成长。

（一）阅读能力

阅读能力不仅仅是指通过眼睛识别文字符号，更重要的是能够理解、分析并利用这些信息。有效的阅读不仅是知识获取的重要途径，也是学生认知能力发展的基础。现代社会中信息量庞大，如何在海量信息中筛选出有效内容，形成自己的理解与见解是衡量个体阅读能力的标准。

在教育过程中，阅读不仅限于对书面材料的表面阅读，更要深入理解文字背后的意义。这种理解能力源于学生已掌握的知识，并通过不断的思维加工和联想，将新知识与旧知识相联系，形成新的认知架构。因此，阅读能力不仅是一个信息获取的过程，也是一个思维和认知整合的过程。它要求学生具备批判性思维，能够对不同的观点、观点之间的联系、观点的支持证据等进行分析与评价。

教师应当引导学生凭借自己的努力去理解教材，而非直接提供现成的答案。教学的目标应该是让学生通过阅读自主构建知识框架，培养其自主学习的能力。教师的角色不仅是知识的传授者，更应当是学习方法的引导者和思维方式的启发者。因此，课堂教学应当由以听讲为主逐步向以阅读为主的方式转变，让学生在主动阅读和反复思考中，培养出更强的阅读理解能力和知识消化能力。

（二）思考能力

思考能力涉及对信息的深度处理和内化，是学生能够将表面知识转化为自身内在认知的关键。思考能力不仅包括对已知事实的理解，还包括根据已知信息进行推理、判断和创新的能力。思考能力的提升通常表现为学生从单一的记忆性学习模式，逐步向批判性思维、创造性思维转变。培养学生的思考能力不仅仅是帮助他们掌握已有知识，更重要的是引导他们学会如何思考、如何在复杂情境中提取关键信息、如何根据证据和逻辑进行推理，从而得出合理结论。思考能力的发展与学生的自主性密切相关。只有当学生能够独立思考，敢于质疑现有知识，进而通过系统的推理去构建自己的理解体系，他们才能真正成为应对未来复杂问题的创新型人才。在课堂上，培养学生的思考能力往往需要通过设计富有挑战性的问题情境，鼓励学生提问、探索，并借助讨论和辩论等方式，进一步深化他们对问题的理解。

（三）表达能力

表达能力是学生能够清晰、有条理地传递自身思想和观点的能力。无论是口头表达还是书面表达，这一能力都是社会交往和学术研究中不可或缺的核心素质。表达能力不仅仅是语言能力的体现，更是思维能力的延伸。当一个学生能够用准确的语言将复杂的思想和逻辑传达给他人时，表明这个学生

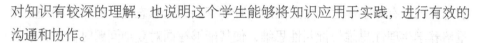

对知识有较深的理解，也说明这个学生能够将知识应用于实践，进行有效的沟通和协作。

培养学生的表达能力不仅仅是教会他们如何用语言表达，更要帮助学生学会组织自己的思想，使其具备清晰、简练、逻辑性强的表达方式。口头表达要求学生能够在一定的时间和情境下，运用口头语言进行有效的信息传递和情感交流；而书面表达则要求学生能够在较为严谨的框架内，充分展示自己的思维过程与结论，并且能够结合实际证据展开有力论证。

表达能力的培养通常需要通过实践来实现。教师可以通过课堂讨论、辩论、演讲等活动来锻炼学生的口头表达能力；同时，写作练习、论文撰写等方式可以提升学生的书面表达能力。这些活动不仅能够帮助学生提升表达技巧，还能够增强他们的逻辑思维能力和信息处理能力。

二、学生发展核心素养的框架

核心素养作为学生全面发展的基础，涵盖了多个层面的素质和能力，旨在为学生提供适应未来社会发展、学术研究和职业生涯的能力体系。在这一框架中，文化基础与自主发展作为两大核心组成部分，发挥着培养学生综合素质的关键作用。其中，文化基础不仅为学生提供了必要的知识储备和精神支撑，也为其思维方式、价值观念的形成奠定了坚实基础；而自主发展则强调学生个体能力的独立性，注重激发其内在动力与自主学习的潜力，推动其在学习和生活中的独立性与创新性发展。

（一）文化基础

文化是人类精神世界的核心要素，是人类得以存在、发展的根本支柱。它不仅代表着人类文明的深厚积淀，还影响着个体的思想方式、行为模式和价值判断。文化基础则是指通过教育与社会实践，学生所需掌握的人文知识、科学知识以及相关技能的总和，它能让学生深入理解并有效应用人类智慧的精髓，同时涵养内在精神，激励个体对真、善、美的追求，从而成为具备崇高精神追求的文化人。因此，文化基础不仅仅是知识的储备，更是价值的导向和智慧的体现，对学生综合素质的培养具有根本性作用。

文化基础的核心在于两个方面：一方面是对人文底蕴的积淀；另一方面是对科学精神的培养。二者相辅相成，共同塑造学生的世界观、人生观、价值观。其中，人文底蕴强调学生对人类历史、哲学、艺术、文学等领域的理解与认同，有助于学生形成广阔的视野和高尚的情感态度；而科学精神则侧重培养学生理性思维与批判性思维，使其能够在面对复杂问题时做出科学合理的判断和决策。两者相结合，形成了学生全面发展的文化基础。

1. 人文底蕴

人文底蕴是指学生通过学习和吸收人文学科的知识，逐步形成的基本能力、情感态度与价值取向，不仅包括对文学、历史、哲学等学科的基本知识和技能的掌握，还涵盖了学生在这一过程中所形成的独立思考、情感表达和价值判断能力。人文底蕴的培养是学生精神世界的重要组成部分，不仅为学生提供了理解人类社会及其文化现象的基本框架，也为学生处理与他人、社会以及自然界的关系提供了深刻的思想依据。

在人文底蕴的培养过程中，学生不仅了解了经典的文学作品、历史事件和哲学理论，还能够理解这些文化成果所蕴含的深层思想与人类智慧。例如，文学作品通过语言和故事传递着对人性、情感、道德等多方面的探索，历史事件揭示了人类社会的发展历程和文明成就，哲学理论则提供了理性思考与道德判断的基础。通过这些学习，学生不仅获得了知识，还能在心灵深处培育出独立的思想与高尚的情操。

人文底蕴的培养主要体现在三个方面：人文积淀、人文情怀和审美情趣。其中，人文积淀指的是学生在长期的文化学习过程中，积累的历史、文化、文学等领域的知识。这些知识构成了学生认知世界、理解自我的基础。人文情怀强调学生在文化学习过程中形成的情感共鸣与文化认同，帮助学生理解不同文化之间的差异与共性，从而培养开阔的视野和包容的心态。审美情趣是指学生通过文学、艺术等人文学科的熏陶形成对美的感知与追求。审美情趣不仅仅是感官的享受，更是精神世界的升华，能够使学生在面对复杂的世界时，以理性与感性相结合的独特视角去审视世界。

2. 科学精神

科学精神是指学生在学习、理解和应用科学知识与技能过程中所形成的价值观念、思维方式和行为习惯。科学精神的培养不仅有助于学生掌握具体的科学知识，更重要的是能帮助学生建立起一种理性、批判和探索的心态。科学精神既是一种学科内的专业能力，也是一种跨学科的思维方式，对学生的全面发展具有深远影响。

科学精神的核心要素包括理性思维、批判质疑和勇于探究。其中，理性思维是科学精神的基石，要求学生在思考和解决问题时，能够客观分析、理性推理，避免受到情感或偏见的干扰。批判质疑是科学精神的内在要求，它要求学生能够对已有的知识和观念保持审慎的态度，不断深入探索以追求真理。批判并非对一切传统观念的否定，而是在尊重已有知识成果的基础上，保持怀疑和审视的态度，推动科学与知识不断发展。勇于探究是科学精神的动力源泉，驱使学生主动去发现新问题、探索新知识，勇于面对未知领域，推动自身的成长与突破。

科学精神的培养要求教育者为学生提供开放的学习环境，使其能够在自由探索和实践中，体验科学的魅力与力量。科学精神的培养不仅仅是知识传授的过程，更是思维方式和价值观的塑造过程。通过培养科学精神，学生能够在复杂的社会和科技环境中，保持理性思考和独立判断的能力，从而在未来的生活和职业生涯中，做出更加科学、合理的决策。

（二）自主发展

自主性是人作为主体的基本特征，是推动个体成长与持续发展的内在动力。自主发展的理念不仅体现了个体在自我管理和自我实现方面的能力，还强调个体在多变的社会和环境中，能够通过自我调整与自我引导，达成个人理想与目标。自主发展并非一时的冲动或随意行为，而是个体在充分理解自己的基础上，通过不断的自我提升与反思，逐渐形成并追求明确的方向与目标。在现代社会中，拥有自主发展能力的个体不仅能够应对复杂多变的环境，还能够通过自主的选择与努力，实现更为丰富且高质量的人生。因此，自主发展的核心任务是帮助学生认识自我、挖掘潜力，并形成独立思考和自我管理的能力，使其在面对外部世界时，能够保持清晰的内在指引。

自主发展包括两个关键维度：一是学会学习，二是健康生活。其中，学会学习不仅是对知识的掌握，更是对学习方法、学习态度和学习过程进行全面提升；健康生活则不仅是身心健康的维护，更是通过全面的自我认识与身心调适，帮助学生在复杂的社会环境中维持平衡，形成积极的生活态度和健康的生活方式。通过这两个方面的培养，学生能够在未来的学习和生活中，始终保持主动性和自我引导的能力，最终实现个人潜力的最大化。

1. 学会学习

学会学习代表着学生对学习过程的自主掌控以及对自身学习效果的科学调控。在当前知识更新迅速、信息流通便捷的时代背景下，单纯的记忆与模仿已经不足以满足个体发展的需求。学会学习要求学生不仅仅具备学习知识本身的能力，更要具备掌握学习方法、选择有效学习策略、评估与调整学习进程等一系列复杂技能的能力。因此，学会学习不仅是学生学术发展的需求，也是其终身学习和自我提升的基础。

学会学习包括乐学善学、勤于反思和信息意识三个基本要素。首先，乐学善学意味着学生不仅要具备对知识的好奇心与求知欲，更要在学习过程中保持积极态度，主动寻求新知，享受学习带来的满足感与成就感。乐学善学要求学生拥有一种内在的学习动力，能够在日常的学习活动中，自主选择与安排学习任务，从而实现高效学习。其次，勤于反思是学会学习的另一个重要方面。学生应当在每一个学习环节结束后进行反思，对所学内容进行总结，评估自己的学习方法是否有效，识别不足并进行改进。通过反思，学生不仅能够不断调整自己的学习策略，还能够加深对知识的理解与记忆，从而提升学习的深度和广度。最后，信息意识则是在当今信息化社会中，学会学习的必要组成部分。信息意识指的是学生能够高效地获取、筛选和利用信息资源，以及准确判断信息的真实性和可靠性。信息意识的培养使学生能够在信息海洋中快速找到所需的有效资料，并在信息过载的情况下，保持清晰的思维与判断力。

学会学习不仅仅是一种技能的进阶与完善，更是学生全面发展和独立思考的基石。通过学会学习，学生能够在面对复杂的学习任务时，做出更为合理的安排与决策，从而有效提高学习效率，达到优质的学习效果。

2. 健康生活

健康生活不仅是指身体健康的维持，更强调身心的全面发展与自我管理能力的提升。随着社会的发展和现代生活方式的多样化，学生面临着来自学业、家庭、社会等方面的多重压力。因此，培养学生健康生活的能力，帮助他们在繁重的学业和复杂的社会环境中，保持良好的身心状态成为其发展的关键组成部分。健康生活要求学生在认识自我、发展身心、规划人生等多个方面实现平衡与和谐，从而在应对人生挑战时，能够始终保持积极的心态和高效的行动。

健康生活包括珍爱生命、健全人格和自我管理三个方面。

珍爱生命要求学生能够深刻领悟生命的宝贵，珍惜健康和时间。这不仅体现在养成良好的生活习惯、努力保持身体健康上，还体现在珍惜与他人交流互动的机会，尊重自己的情感需求，培养积极向上的人生态度。珍爱生命要求学生不仅从身体上注意锻炼与休息，更要从心理上保持积极、乐观的态度，远离不健康的思想与行为模式。

健全人格要求学生具备良好的道德品质、独立的思想和理性判断的能力。健全人格包括学生的自信心、责任感、同理心等社会性人格特征的培养，这些特征能够帮助学生在复杂的社会环境中做出合适的行为决策，并与他人建立积极健康的人际关系。

自我管理不仅要求学生具备对自我行为的控制能力，还要求其能够合理规划时间、目标和生活方式，培养自我调节和自我约束的能力。自我管理包括情绪管理、时间管理、目标管理等多个方面，是学生能够应对挑战、调整状态并实现自我发展的关键能力。

健康生活不仅影响学生当前的生活质量，也为其未来的成功和幸福奠定基础。通过培养健康生活的能力，学生能够在充满压力与挑战的环境中，维持身心平衡，并在未来的人生道路上，不断突破自我与价值实现。

第三节　初中学生政治素养培育的重要性

政治素养是指个体在政治领域中的知识储备、思想意识、价值观念和行为能力的综合体现。对于初中生而言，政治素养的培养不仅有助于促进其个人发展，也对整个社会的和谐稳定与持续进步具有深远影响。在当今社会，初中生正处于思维方式、价值观念和世界观初步形成的关键阶段，因此，对初中生开展政治素养的培育显得尤为重要。政治素养的提升可以从多个层面提升学生的品德、认知能力和社会责任感，使他们能够正确认识并适应社会环境，同时为社会主义核心价值观的培养奠定坚实基础。

一、有利于改善初中生政治品德现状

政治品德直接影响学生的社会行为与价值判断。当前，初中生在社会实践中逐渐接触到多元化的信息和不同的社会观念，这为其政治品德的形成和发展提供了多样化的视角。然而，由于一些学生的社会经历相对匮乏，对社会的认知存在局限，容易受到外界不良思想的影响，导致其政治品德的培养滞后或偏离正确轨道。通过开展政治素养的培育，可以在很大程度上改善这种现状，帮助学生树立正确的政治方向意识，养成积极向上的政治品德。

政治素养的培养能够促使学生树立正确的价值观。初中生正处于青少年时期，思维尚不完全成熟，容易受到外界因素的影响。通过加强政治素养教育，学生能够通过对历史、政治、社会等领域的学习，逐步树立起正确的世界观、人生观和价值观。这些观点的形成能够使学生对事物的判断更趋理性与客观，避免产生盲目跟风或片面看待问题的倾向，从而有效抵御不良政治信息的干扰，增强政治品德的稳定性。

政治素养的培育能够帮助学生增强社会责任感。培养初中生的政治素养不仅是帮助他们了解政治知识，更是通过教育引导他们关注社会、关心他人，树立积极为社会贡献力量的意识。通过学习社会主义核心价值观等内容，学生能更加明确作为公民的责任，意识到自己与国家、社会之间的紧密联系，从而激发出他们投身社会发展、助力民族复兴的热情。这种社会责任感的培养是良好政治品德的体现，能够使学生在未来的社会生活中，形成更具有建设性和正向的行为方式。

二、有利于初中生正确认识社会现状

初中生正处于认知世界、逐步形成社会意识的阶段。通过有效的政治素养培养，可以帮助他们形成对社会现状的客观认识，进而提高其应对社会变化的能力。在当前这个信息时代，社会现状瞬息万变，初中生通过接触社会现象、观察社会事件，会形成一定认知。然而，这些认知往往受到片面信息的影响，缺乏全面的分析与判断。

政治素养教育能够提升学生的批判性思维能力。通过对政治、历史、社会等知识的学习，学生能够更加理性地分析社会现象，做到理性思考而非感性反应。通过培养政治素养，学生能够学会如何从多角度、多层次对社会现象进行深入分析，明确各类问题背后的本质，辨析其利弊得失，而不是仅仅停留在对表面现象的认知。这种批判性思维的培养能够帮助学生在面对复杂的社会问题时，保持冷静与理性，进而提升其对社会现状的正确认知。

政治素养的提升有助于学生理解国家发展与社会变革的脉络。当前，我国正处于快速发展的阶段，社会经济、科技、文化等各个领域都在发生深刻变化，初中生作为社会的未来栋梁，理应具备对这些变化的认识与理解。政治素养的教育可以使学生系统性地了解国家政策、社会制度以及社会经济发展的趋势，从而更好地理解和把握社会的变化，适应现代社会的节奏和发展要求。学生通过学习社会主义核心价值观等内容，可以更深入地领会国家的改革发展方向，以及其背后的政治理念与价值追求，这有助于他们在未来的学习与生活中形成正确的社会认知。

三、有利于社会主义核心价值观的培养

社会主义核心价值观是当代中国社会发展的精神旗帜，是建设中国特色社会主义伟大事业的价值指引。对于初中生而言，社会主义核心价值观的培养不仅仅是知识的灌输，更是价值理念的内化与生活实践的指导。通过加强政治素养教育，可以帮助学生更好地理解并认同社会主义核心价值观，形成正确的世界观和人生观。

政治素养的教育有助于引导学生明确社会主义核心价值观的具体内涵。社会主义核心价值观既包括富强、民主、文明、和谐等国家层面的价值目标，也包括自由、平等、公正、法治等社会层面的理想追求，还包括爱国、敬业、诚信、友善等个人层面的道德规范。初中生正处于人生观、价值观的初步建立阶段，通过对这些核心价值的学习，能够引导学生认识到自己与国家、社会之间的紧密关系，明确个人在社会中的责任与义务。同时，学生能够理解这些价值观不仅仅是书本上的理念，更是社会生活中的行动指南，从而在日常生活中践行这些价值理念。

政治素养的培养能够激发学生的社会实践意识。社会主义核心价值观的培养并不仅限于课堂知识的传授，更注重将这些价值观融入学生的日常生活和社会实践中。通过具体的社会实践活动，学生能够更深入地体验社会主义核心价值观在现实生活中的体现，感知这些价值观对推动社会进步与个人发展的重要作用。例如，通过参与志愿服务、社会调研等活动，学生能够亲身感受到奉献与责任、诚信与友善等核心价值的实际意义，进而自觉地将这些核心价值内化为自己的行为准则。

第二章 初中道德与法治教学的主要内容

当前，初中道德与法治教学的主要内容成为一个亟待深入探讨的课题。德育教育作为道德与法治教学的核心内容之一，承载着引导学生树立正确价值观、培养良好道德品质的重任；劳动教育强调通过实践活动，让学生在劳动中体验成长，培养其劳动观念和实践能力；集体主义教育则致力于培养学生的团队意识和社会责任感。本章将围绕这些主要内容展开详细论述，旨在为初中道德与法治教学提供系统的理论框架和实践指导，助力学生在德智体美劳方面全面发展，为成为合格的社会主义建设者和接班人奠定坚实基础。

第一节 初中道德与法治教学中的德育教育

一、初中阶段德育教育的目标

德育教育是初中教育的重要组成部分，目的是培养学生的思想道德素养和公民意识，为其全面发展奠定基础。在初中阶段，德育教育需要结合学生的认知发展特点和社会实际需求，设定明确的教育目标，以推动学生在道德认知、情感态度和行为实践等方面的成长与提升。

（一）帮助学生树立正确的人生观和价值观

初中阶段是学生人生观和价值观形成的关键时期，德育教育在这一阶段对其未来发展具有重要的奠基作用。在德育教育的目标体系中，引导学生树立正确的人生观和价值观占据核心地位，因为这关乎学生对世界、社会和自身的认知以及行为选择的方向性。在这一过程中，德育教育应注重通过思想启迪和实践引领，帮助学生形成对真善美的深刻理解与内心认同。

人生观的确立关乎学生对生命意义的理解和对未来生活的规划。在德育教育中，应通过理论知识的传授与具体情境的创设，帮助学生认识生命的独特性与社会责任的统一性。人生观的教育旨在引导学生从个人成长与社会发展的角度理解生命的意义，形成对自我价值的正确认知，并且能够以积极的态度面对成长过程中的挑战和压力。在这一过程中，教师应注重培养学生的独立思考能力，使其在不断探索与反思中找到适合自己的价值实现路径。

正确的价值观是个人在社会中实现自身价值的重要支撑，要求学生能够洞察社会发展的本质规律，理解人与人之间的依存关系，进而确立积极向上的行为准则。通过系统的德育教学，学生能够逐步明确自身在社会和家庭中的责任，认识到对他人和集体应尽的义务，培养为社会贡献力量的使命感和责任感。与此同时，价值观教育还注重引导学生在多元化的社会环境中坚定立场，能够分辨是非曲直，避免被消极或错误的价值观念所误导。

德育教育需加强对学生思想的深度引导，推动其从被动接受教育向主动内化知识和信念转变。正确的人生观和价值观教育不仅是知识层面的传递，更需要通过潜移默化的情感熏陶与价值实践，使学生在真实的社会生活中体验价值观念的实际意义。通过多样化的教育方式，学生能够逐步形成稳定的道德信念和人生方向。

（二）培养学生的道德意识和行为习惯

在初中阶段，学生的认知能力逐渐增强，但道德判断能力尚处于发展阶段，其对社会规范和价值观的认同需要通过系统引导和长期实践加以巩固。因此，德育教育应注重通过多层次、多维度的教学和活动设计，帮助学生理解道德规范的意义，并将其转化为内在的道德意识和外在的行为习惯。

道德意识的形成需要学生在理论认知和情感体验中逐步建构。德育教育通过系统的课程内容，为学生提供关于道德规范、社会责任与个体义务的明确认知框架，使其在学习过程中逐步认识到道德规范是社会和谐与个人成长的重要基础。在此基础上，通过情感教育与价值引导，激发学生对正直、诚信、尊重和关爱的情感认同，增强道德观念对其行为选择的驱动力。通过这种由认知到情感，再到行为的渐进教育模式，学生能够逐步从被动接受道德要求转变为主动践行道德规范。

行为习惯的养成则更强调实践教育的重要性。学生只有在真实的社会情境中将道德规范付诸实践，才能使道德意识得以深化，并转化为稳定的行为模式。德育教育通过精心设计的活动，如小组协作、公益服务和校园文化建设等，为学生提供直接参与和实践道德行为的机会。在这一过程中，学生不仅能够在具体情境中感受道德行为的价值，还能够通过反思与调整逐步养成稳定的行为习惯。这种实践与反思相结合的方式有助于学生将道德规范内化为生活中的自觉行动。

行为习惯的养成是一个长期的过程，教育者应注重在潜移默化中发挥影响力，为学生提供良好的榜样和正向反馈。通过积极强化诚实守信、尊重他人和关心集体等核心道德规范，学生能够逐步将这些行为准则内化为日常习惯。德育教育不仅需要关注学生在特定场合的表现，还需要注重其行为习惯在日常生活中的延续性，使其形成能够适应复杂社会环境的稳定道德行为模式。

学生通过系统的教育设计和实践引导，能够在认知、情感和行为的协同作用下形成全面的道德素养。在这一过程中，道德意识的培养为行为习惯的养成提供了思想基础，而行为习惯的稳固又进一步强化了学生对道德规范的认同，使其在未来的学习和生活中能够始终践行社会公德，展现道德品质的内在力量。

（三）增强学生的法治意识和公民意识

在初中阶段，学生对社会规则和法律体系的认识逐步深入，而他们对个人与社会的关系，以及自身权利与义务的理解需要通过有针对性的教育加以引导。德育教育应充分利用道德与法治课程及相关实践活动，系统地构建学生的法治意识与公民意识，帮助其成长为具有规则意识和责任担当的社会成员。

法治意识的培养需要让学生明确法律作为社会规范的基本作用，深刻理解法律对维护社会秩序和保障公平正义的重要意义。通过道德与法治课程，学生能够系统地学习法律基础知识，包括宪法的地位与作用、公民的基本权利与义务以及常见的法律规范。这些知识不仅为学生提供了理解法治的理论依据，还帮助其认识到法律与个人生活的密切关系，从而增强其对法律的认同感和敬畏之心。此外，法治意识的培养还需注重规则意识的强化，通过教育活动让学生认识到遵守法律规范是社会和谐运转的重要保障，并引导其在实际生活中自觉遵守法律法规，养成以法为准绳的行为习惯。

公民意识是个人在社会中履行义务和行使权利的重要保障，其核心在于对社会责任的认知与践行。通过德育课程的深入讲解，学生能够了解公民的基本权利与义务，认识到个体利益与集体利益之间的辩证关系，增强对公共事务的参与意识和责任感。同时，教育内容应注重引导学生形成正确的价值判断，帮助其理解正义、公平和诚信等公民核心品质的内涵，使其在实践中能够以负责任的态度应对复杂的社会生活。

德育教育应通过设计多样化的实践项目，为学生提供参与公共事务和法律实践的机会，使其在真实情境中体验法治和公民意识的意义。例如，在模拟法律情境的活动中，学生能够更直观地理解法律程序和法治精神；在参与社区服务或校园治理时，学生能够切实感受到作为社会成员应当承担的责任与义务。这种理论与实践相结合的教育模式，有助于促使学生将所学知识转化为自觉行动，使其在日常生活中展现尊重规则、维护正义的良好行为表现。

通过系统的法治教育与公民教育，学生不仅能够掌握必要的法律知识，还能够在日常实践中形成以法治为导向的行为习惯。同时，公民意识的提升使学生能够更全面地认识社会责任和个人义务，进而在未来成长为具有法律素养与社会责任感的合格公民。这一过程的核心在于通过持续的教育引导和实践体验，将法治精神与公民意识深深植根于学生的思想与行为中，为其成长为负责任的社会成员奠定坚实基础。

（四）促进学生社会责任感的形成

在德育教育中，帮助学生理解个人与社会的相互依存关系是培养社会责任感的关键。学生应认识到社会的运行离不开每一位成员的共同努力，而个人的发展也必须融入社会这一整体中，才能实现真正的价值。这种认识可以通过课程教学的理论引导，让学生掌握社会结构的基本知识，从而理解个人在家庭、学校和社会中所承担的不同角色及其相应责任。通过深化学生对社会分工、公共利益和集体协作的理解，能够增强其社会参与的意识，促使其在生活中主动承担对家庭、集体乃至社会的责任。

德育教育应注重通过实践活动提升学生的责任意识与行动能力。在实践中，学生能够直观感受到社会的复杂性与多样性，并逐步形成服务社会的责任感。具体实践活动可以围绕校园环境建设、社区服务以及公益活动展开，学生不仅能够锻炼合作能力和实践能力，还能够在行动中深刻体会奉献他人的意义。这种实践体验有助于将责任感内化为学生的行为习惯，使其能够以积极态度面对社会问题，并努力寻求解决之道。

德育教育需要通过理论与实践相结合，引导学生关注环境保护与可持续发展的议题，使其树立起保护自然、珍惜资源的观念。通过对环境责任的深入认识，学生能够理解个人行为对生态环境的影响，从而在日常生活中自觉践行节约资源、减少污染的绿色行为。同时，德育教育还应鼓励学生以更广阔的视野思考全球性的生态问题，培养其成为具备全球意识的负责任公民。

通过全面的德育教育，学生能够逐步形成以服务社会和保护环境为核心的社会责任感。这种责任感不仅体现在其对社会事务的积极参与上，也体现在其对自身行为影响的深刻反思中。通过知识的传授、价值观的引导和行为的塑造，德育教育帮助学生成长为关爱社会、尊重环境的责任践行者，为社会的和谐发展贡献力量。

（五）培养学生的文化认同和爱国主义情怀

文化认同和爱国主义情怀的培养是初中德育教育的核心环节，承载着深化学生文化意识、塑造民族精神的重要使命。在这一阶段，学生逐步建立起对中华民族优秀传统文化的认知与情感认同，深刻理解国家发展成就，进而形成热爱祖国的坚定信念。

德育教育通过课程内容的系统设计，引导学生深入了解中华文化的核心价值和精神内涵。在历史与地理学科中，通过对民族历史、地域文化与社会发展脉络的系统学习，学生能够感受到中华文化的源远流长与独特魅力，认识到其在人类文明中的重要地位。此类教育课程不仅有助于增强学生的民族自豪感，还能够激发其对文化传承的责任意识。在文学与艺术的学习中，通过欣赏经典作品、解析文化意蕴，学生得以体悟到中华文化对真善美的追求，逐步形成对民族文化深层次的情感认同。

德育教育应注重通过实践活动深化学生的文化认同与爱国情怀。通过具体的主题活动，学生能够将课堂所学知识内化为真实的情感体验。例如，依托传统节日、历史纪念日等重要时间节点，组织相关文化与历史主题活动，使学生从切身体验中感悟民族精神的深厚内涵。同时，通过参观历史遗址、文化展览等实践活动，学生能够更直观地感受到中华民族的辉煌成就，增强对文化传承的自豪感和责任感。这种实践活动不仅能加强其对国家的认同，还能培养其作为社会成员参与文化传承与发展的主体意识。

在培养文化认同的同时，德育教育也需要突出爱国主义情怀的塑造。通过系统的爱国主义主题教育，学生深刻认识到国家主权、民族团结与社会发展的重要性，理解爱国主义不仅是一种情感，更是一种行为准则和责任意识。在教学中，教师通过介绍国家发展历程、成就与未来规划，使学生能够理解国家的成长与个人发展的密切联系，从而进一步增强报效祖国的使命感。

爱国主义情怀的培养体现在学生责任意识与实际行动的塑造上。通过教育引导，学生逐步认识到作为国家未来栋梁所肩负的社会责任，进而能够在学习生活中自觉践行爱国主义精神。在具体行为中，这种精神不仅体现在尊重国旗国徽、关心社会事务等方面，还应体现在学习中追求卓越、实践中奉献社会的态度。这种内化于心、外化于行的爱国主义情怀能够激励学生将个人理想与国家命运紧密结合，以实际行动体现对国家与民族的忠诚与热爱。

通过对文化认同与爱国主义情怀的全面培养，学生得以深刻认识自身的文化根基与社会使命。这种教育为学生成长为具有文化自信和家国情怀的现代公民奠定了坚实基础，并为其在未来的发展中积极投身社会、贡献力量提供了内在驱动力。

二、初中道德与法治教学中的德育教育实施策略

初中阶段的道德与法治课程（习惯上简称为道法课程）承担着培养学生思想道德素养和法治意识的重要任务。实施科学有效的德育教育实施策略，可以帮助学生形成正确的价值观、法治观和社会责任感，为其全面发展奠定思想基础。在教学实践中，应从教师行为、教学内容、情境创设以及学科融合四个方面入手，确保德育教育的实施具有针对性和实效性。

（一）教师的言传身教

在教学与管理的全过程中，教师不仅肩负知识传授的职责，更在学生道德观念的塑造和行为规范的养成中扮演着关键角色。当前，学生正处于价值观逐步形成的关键阶段，对榜样行为具有较强的认同与模仿倾向，因此，教师的行为和态度对学生的影响深远而广泛。

教师应以高度的责任感和职业操守秉持公平、公正的教育态度，避免主观偏见影响对学生的评价和引导。在实际教学中，教师应始终以尊重学生为前提，关注个体需求，体现关怀他人和奉献精神的道德特质。这种行为不仅

为学生提供了直观的道德榜样，还通过潜移默化的方式使学生感受到正向价值观的感染力，帮助其逐步形成健全的道德认知体系。教师在教学活动中的行为是课程内容的具体化与生动化。德育教育涉及的道德规范和法治理念本身较为抽象，而学生的认知特点决定了他们更容易接受具象化的教育方式。通过教师以身作则，将道德和法律的原则融入日常言行，学生能够直观地感受到这些理念在实际生活中的意义，从而将其内化为自身信念。

教师的语言表达是德育教育的重要载体。语言作为师生沟通的主要方式，不仅承载着传递知识，更在情感交流和价值引导中发挥着重要作用。教师用语应体现规范性与教育性，避免粗俗或消极的言辞对学生心理造成不良影响。在课堂教学中，教师应通过积极的语言激励学生参与学习与思考，帮助其增强自信心，激发责任意识。与此同时，教师的语言表达应注重情感渗透，通过真诚的交流，引导学生关注道德问题和社会责任，从而深化其道德认知与情感共鸣。

教师的言传身教体现在日常生活管理和校园文化建设中。在师生互动中，教师的每一个细节行为都可能成为学生的观察对象和模仿范例。在日常管理中，教师应平衡规则意识与人文关怀，为学生构建一个充满信任与尊重的成长环境。同时，教师的言行也应积极融入学校整体的德育目标中，通过与同事协作、与家长沟通等方式，共同营造良好的教育氛围，形成全方位的德育支持系统。

（二）教学内容的设计与呈现

教学内容的科学性和针对性直接影响教育目标的实现。课程内容应以理论与实践的有机结合为原则，强调对学生实际生活的贴近性和认知规律的适应性，以增强教育的实效性和学生的接受度。通过精心设计教学活动，能够引导学生在具体情境中理解道德规范与法律知识的内在价值，从而实现深度认同和内化。

在设计教学内容时，应以学生的成长需求和生活经验为核心，围绕其道德发展和法治认知的阶段性特点展开。教师可基于学生熟悉的生活情境，通过层层递进的问题设置，引导学生思考道德与法律相关的问题。通过这种从生活到理论的设计思路，学生能够在解决实际问题过程中，自然地感受到道德规范与法治理念的重要性和现实意义。这不仅能够提高学生解决问题的能力，也在潜移默化中培养其社会责任感和规则意识。

课程内容的设计需关注社会发展中的热点议题，以增强学生对社会的关怀和参与意识。将环境保护、网络安全、公共卫生等现实问题融入课堂中，学生可以更深入地理解社会问题的复杂性，并认识到个体行为与社会发展的密切联系。这样的内容设置不仅能够激发学生的学习兴趣，还能够强化其责任意识和社会担当，为道德认知的实践性奠定基础。

在内容的呈现方面，教学活动应摒弃单一的理论灌输模式，通过视频、图像、故事等直观形式，使复杂的理论内容更具有吸引力和亲和力。这种生动化的表达方式能够激发学生的学习兴趣，帮助其更轻松地理解和掌握知识。此外，信息技术的合理运用能够将抽象的法律条文或道德理念具象化，使教学内容更具逻辑性和条理性，从而提高学生的接受度和理解力。通过多媒体教学手段，学生不仅能够从视觉和听觉层面加深对知识的记忆，也能够在动态互动中强化其理解和应用能力。

教学内容的呈现需注重启发性和互动性。在课堂中，教师应鼓励学生通过提问、讨论和辩论等方式参与知识建构，使其在思维碰撞中深化对道德和法治的认识。这种自主参与的学习方式有助于学生将所学知识内化为自身的价值观念，并外化在日常行为中。通过多样化的呈现方式，教学内容不仅能够实现理论和实践的有机结合，还能够在潜移默化中引导学生形成正确的价值判断和行为规范。

（三）创设情境，增强德育教育的实践性

在道德与法治课程中，教师通过精心设计的情境，能够将抽象的道德与法治理论具象化，使学生在亲身体验中加深对课程内容的理解，并在实践中形成稳定的道德行为和法治意识。情境创设不仅使学生能够在情境中感悟道德与法治的内涵，还为其提供了一个能够有效内化所学知识的实践平台。

情境创设的核心在于通过真实或模拟的情境，引导学生沉浸在与道德和法律密切相关的实际问题中，从而促使他们在具体情境中思考并解决问题。这种方式不仅增强了学生对道德与法治的感知，还能让他们在实践过程中形成正确的道德判断和法律意识。在情境模拟中，学生需要面对选择和决策，理解道德行为和法律规定的作用与意义。通过这种沉浸式的学习，学生不仅能够理解理论，更能够将理论运用到实际情境中，从而形成稳定的行为习惯和价值观念。

情境创设的有效性在于能够激发学生的主动参与。教师通过设计与学生

日常生活和社会问题相关的情境，让学生主动参与其中，促进学生思维的拓展和对问题的深度思考。情境的创设不仅让学生体验道德与法治的具体应用，还促使他们在情境中进行自主探讨和合作学习。

情境创设能够提高学生的创新意识和团队合作能力。在教学过程中，教师应鼓励学生自己设计情境，并参与情境的构建和实施，赋予学生一定的自主决策权。这种开放式的教学方式能够激发学生的创造性思维，促进他们在情境中解决问题时发掘新的思路和方法。同时，情境创设也增强了学生的团队合作意识和沟通能力，许多情境活动往往需要学生之间的协作和互动。通过集体讨论和共同探索，学生能够在团队合作中提升综合素质和解决问题的能力。

情境创设的教学方法不仅限于课堂活动，还可以延伸至社会实践。在教学过程中，教师可以通过组织社会实践活动，如参观法律机构、参与社会公益等，让学生在真实的社会环境中体会道德与法治的实际应用。这种实践活动能够进一步增强学生的社会责任感，培养他们的法治观念，并帮助学生理解道德与法治在社会运作中的重要性。

（四）德育教育与其他学科相融合

在初中德育教育中，将德育教育与其他学科相融合能够有效促进学生全面发展。学科间的融合不仅有助于学生在知识层面建立更加丰富的认知体系，也能够通过各学科的相互渗透与相互影响，深化德育教育的实践性和实效性。通过这种融合，学生不仅能够在单一的道德与法治课程中学习相关知识，还能够在其他学科的教学过程中，体会到道德规范与法治精神的内涵与价值，从而在多维度的学习体验中实现德育的全面渗透。

德育教育与其他学科相融合应当建立在学科内容相互支撑和相互促进的基础上。各学科在知识体系和教学方法上各具特色，通过有效融合，可以为学生提供多元化的学习途径，激发他们对道德与法治的思考。比如，在语文学科的阅读与写作中，学生通过阅读道德故事、法律案例或哲学经典，能够更加深刻地理解道德规范和法律条款的社会意义，并在写作表达中形成规范的行为语言和思想观念；在历史学科的教学中，学生通过分析历史事件和人物，能够更好地理解历史中的道德抉择与法律实施，从而获得对当代道德与法治问题的深刻反思。

学科融合不仅限于知识的相互渗透，还应通过多学科共同构建教育目标来实现。数学、科学等学科尽管其内容看似与道德与法治教育无直接关联，但通过对学科本身的探索，学生可以在解答问题、思考逻辑和表达思想的过程中，培养严谨的思维方式和公正的态度，这些都为学生形成道德判断和法治意识提供了重要的认知基础。例如，在科学实验中，遵循实验规则和道德原则进行操作不仅是对科学方法的尊重，也是对社会伦理的体现。

德育教育与其他学科相融合应当注重跨学科合作，形成合力。在跨学科教学中，教师可以根据各学科的特点，设计具有德育教育性质的教学活动，促进学生在多元情境中实现自我认知与自我提升。在这种教育模式下，学生不仅能够从单一学科的知识中获得价值判断的依据，还能够通过多学科的共同引导，形成更为坚实的道德基石和法律观念。

第二节　初中道德与法治教学中的劳动教育

一、劳动教育的目的

劳动教育的目的是培养学生全面发展，使其具备适应未来社会需求的综合能力。通过系统化的劳动实践活动，让学生掌握实际技能和技术能力，培养劳动意识和价值观，发展创新思维，提升解决问题的能力，促进团队合作和沟通能力，以及培养责任感和自律能力。

（一）提升实践技能与技术水平

在劳动教育过程中，学生通过系统的实践活动，不仅掌握了必要的技术技能，还培养了对实际工作的全面理解与适应能力。这些实践技能不仅限于单一领域，而是通过多种形式的劳动体验，帮助学生建立起一套综合的、可迁移的技能体系，为其未来的职业发展提供强有力的支撑。

劳动教育的核心目标之一是通过实践活动强化学生的动手能力。这不仅仅是对学生操作技巧的培养，更是在实际问题的解决中，提升学生的思维能力、创新能力和团队协作能力。通过亲身操作各种工具和设备，学生能够了解不同技术的工作原理，掌握正确的操作流程与技巧，并在解决实际问题过程中，逐步提高自己的技能水平。这种基于实践的技能学习能够让学生从具体操作中理解技术的应用与发展趋势，进而在将来能够更好地应对复杂的工作任务。

劳动教育强调在多样化的实践活动中锤炼学生的职业素养。在农业技术、工业技能等不同领域的实践过程中，学生不仅能掌握基本的操作技巧，还能更深入地理解相关领域的基本知识体系与专业要求。在农业实践中，学生通过参与作物种植、养殖、园艺等活动，可以全面认识农业生产流程，培养对自然资源的珍惜与合理利用的意识。这些农业技能的培养使学生能够更加准确地理解劳动的价值，尊重劳动者的贡献，形成正确的劳动观念和工作态度。

通过劳动教育，学生能够培养细致入微的观察力、耐心和解决实际问题的能力。在面对具体的工作任务时，学生需要不断调整操作策略，找到最佳解决方案。这种从实践中汲取经验的过程不仅提高了学生的技术能力，也帮助他们积累了丰富的实践经验。尤其在面对技术创新和工作变动时，学生能够凭借已掌握的基本技能和操作经验，灵活应对新的挑战。

劳动教育不仅仅是对学生技术能力的提升，更是对其综合素质的培养。通过参与多样化的实践活动，学生能够在积累技能的同时，增强责任感、提升自信心，并为进入职业岗位做好充分准备。

（二）加强劳动意识与价值观培养

1.强调劳动的尊严与价值

劳动教育的核心价值在于强调劳动的尊严与社会意义。通过参与实践活动，学生不仅能够亲身体验劳动过程，还能够深刻体会到劳动带来的艰辛与成就感，从而逐步形成对劳动的尊重和对劳动者的敬意。劳动不仅仅是生存的手段，更是一种精神追求和人生态度的体现，通过劳动教育，学生逐渐认识到劳动在个人成长、社会发展和文化进步中的重要地位。

通过参与劳动，学生能够直接感受到劳动过程中所需付出的体力和精神力。无论是体力劳动还是脑力劳动，都要求劳动者具备耐心、毅力与责任心，这些特质在劳动教育中得到了系统锻炼。通过对劳动的亲身实践，学生能够真切体会到劳动的本质——不仅是物质层面的付出，更是情感、意志和责任的交织。正是这种体验让学生在日常生活中培养起尊重劳动、珍视劳动成果的积极态度，从而树立起健康的劳动观。

劳动教育通过培养学生对社会贡献的认知，强调劳动的社会价值。无论其形式如何多样还是规模大小如何，每一份劳动都构成了推动社会进步和发展的基石。在参与劳动过程中，学生逐步树立对各种劳动形式和劳动者角色的尊重意识，并理解无论是生产、服务还是管理，每一份劳动都是推动社会前行的必要力量。劳动教育在潜移默化中加强了学生对全社会劳动者平等价值的认同，帮助他们意识到任何一份工作的背后都有着深远的社会意义和影响。

劳动教育的实施有效促进了学生实践能力的提升。在动手实践中，学生并非只是被动接受理论知识的传递，而是在解决实际问题过程中应用所学知识，从而锻炼自己的思维方式和技能水平。这种实践性学习有助于学生提高动手能力、创新能力以及团队合作能力。学生在面对具体任务时，通过自主探究和与他人协作，逐渐形成解决复杂问题的能力。

劳动教育注重对学生的自我管理能力与责任意识的培养。在劳动活动中，学生需要按时完成任务、保持工作效率，并在工作过程中展现出对质量的严格要求。这一过程中，学生逐渐理解了责任的分担与自我约束的重要性，培养了自我管理和自我监督的能力，进而增强了责任感和使命感。

劳动教育通过全面的实践活动，不仅帮助学生培养了实际操作能力，提高了个人综合素养，还促进了他们健康生活方式的形成。在劳动中，学生学会了如何有效管理自己的时间、保持健康的作息、注重身体的锻炼和保养。通过这一过程，学生能够更加深刻地理解劳动与身体健康、心理健康的密切关系，并形成注重健康的积极态度。

2. 培养劳动的乐趣与自觉性

培养学生的劳动乐趣与自觉性的核心在于通过丰富多样且有意义的实践活动，激发学生对劳动的兴趣，培养他们内在的劳动热情与主动参与的意识。在这一过程中，劳动不再是外部强加的任务，而是成为学生主动参与、享受过程并体验成果的有意义活动。通过这种教育形式，学生逐渐形成对劳动的正面态度，进而提升自身的责任感与自我管理能力。

实践活动的设计应考虑学生的生活经验、兴趣以及发展需求。只有将劳动活动与学生的实际需求和兴趣紧密结合，才能确保劳动活动的有效性和吸引力。例如，参与校园内外的环境保护、手工艺制作、社会服务等实践活动，能够促使学生深入体验劳动带来的实质性回报。这些活动让学生通过自己的努力完成具体任务，体验到劳动的辛劳和成就感，从而逐步形成对劳动的热爱与认同。

在劳动教育过程中，通过设定切实可行的目标，并在任务完成后给予学生及时的肯定和反馈，能够有效促进学生对劳动的积极投入。成功完成任务带来的自豪感不仅能增强学生的自信心，也促使他们在今后的劳动中保持积极态度。这种通过劳动带来的内在满足感使学生逐渐从劳动成果中领悟其蕴含的意义，进而形成持久的劳动兴趣和自觉性。

劳动教育应致力于培养学生的自主性与责任感。在劳动实践中，学生不仅仅是接受任务，更要学会自主思考和决策。通过让学生参与劳动活动的组织和管理，培养他们的领导能力、团队合作能力以及问题解决能力，促使其在劳动中形成更强的责任意识和自我驱动意识。教育者应当通过引导和鼓励，帮助学生认识到每一份劳动背后所蕴含的责任与意义，使他们明白劳动不仅是实现个人目标的途径，也是对社会和他人的责任体现。

劳动教育通过培养学生的劳动乐趣与自觉性，不仅能够帮助学生掌握基本的实践技能，更能够在深层次上塑造良好的劳动观和责任感。这种教育方式使学生认识到，劳动不仅是生活的一部分，更是社会发展、个人成长和价值实现的基础。在这样的教育过程中，学生在获得技能的同时，也培养了积极向上的态度和自我激励的能力，进而为其今后的发展打下坚实基础。

3. 培养节约与勤俭意识

在劳动教育过程中，学生通过直接的劳动体验，深刻感受到资源的稀缺性与劳动的艰辛。在此过程中，他们不仅认识到资源的有限，还体会到每一份劳动背后所承载的价值。通过亲身参与，学生能够将所学的知识和技能应用于实践，进一步认识到资源浪费的危害，并自觉养成珍惜资源的良好习惯。这一过程促使学生形成一种基于实际经验的节约意识，理解合理利用资源不仅是个人行为的要求，更是社会可持续发展的必要保障。

劳动教育通过让学生参与实际生活中的资源管理，使其能够在有限资源的背景下进行合理的分配与使用。通过对资源分配和利用问题的实际认知，学生不仅学到了实用的劳动技能，更明白了资源的合理使用对个人、社会及环境的深远影响。这种在日常实践中获得的节约意识有助于学生更好地进行资源规划，提升个人生活和工作中的效率，从而在未来的社会生活中展现出更强的适应力与竞争力。

培养学生的节约与勤俭意识对于个人、社会及环境的长远发展具有积极的推动作用。在个人层面上，节约意识的养成有助于合理管理和规划资源，提高个人生活的效率与质量；而勤俭则能够促使学生形成艰苦奋斗的精神和持久的毅力，为其未来的职业生涯和个人成长打下坚实基础。在社会层面上，当节约和勤俭成为普遍的社会行为时，资源浪费将大幅减少，社会资源的配置将更加合理，这有助于缓解资源短缺和环境压力，推动社会的可持续发展。而在环境保护方面，节约和勤俭更是解决环境问题的有效途径。通过减少资源浪费，优化能源和水资源的使用，学生们能够在实际行动中体会到保护环境的重要性，进一步加强其环境责任感和行动力。

劳动教育通过实践的力量，帮助学生树立节约与勤俭的价值观念，使其在日常生活中自觉付诸实践，从而为个人的全面发展以及社会的可持续发展做出贡献。这种教育形式不仅为学生提供了宝贵的劳动技能，更为他们提供了关爱环境、珍惜资源的精神财富，为其未来社会责任感的培养和环境保护意识的增强奠定了坚实基础。

4. 培养自我管理与自主学习能力

通过一系列实践活动，学生不仅能够学会如何高效完成劳动任务，还能够在这一过程中培养自我规划、时间管理、任务分配以及目标设定等关键能力，这些能力对其个人成长和未来发展具有深远意义。

劳动教育通过实际的时间管理经验帮助学生掌握如何合理安排自己的时间。面对具体的劳动任务，学生需要评估任务的重要性与紧迫性，从而合理分配时间与精力。此过程要求学生具备高度的时间敏感性，并且能够根据任务的优先级进行有效的时间调配。随着劳动经验的积累，学生能够逐步提高时间管理技巧，进而提升其在学习和生活中的效率。

劳动教育通过团队合作的形式强化了学生的任务分配能力。在集体劳动中，学生需要与他人协同合作以完成任务。该过程要求学生具备清晰的沟通技巧和良好的团队合作精神。在此过程中，学生不仅学会了如何根据每个团队成员的特长与兴趣进行任务分配，还能够通过合理的分工最大限度地发挥每个人的优势。任务分配不仅培养了学生的责任心，还增强了其组织协调和解决问题的能力，进而提升了学生的集体协作意识和领导能力。

劳动教育通过目标设定和策略规划的方式培养了学生的自主学习能力。在劳动活动中，学生需要根据具体任务设定明确目标，并制订实现这些目标的可行计划。这一过程促使学生逐步培养起目标意识和追求卓越的精神。随着劳动实践的不断深入，学生通过反思与总结，发现自身的不足并加以改进，从而不断提升自身的技能水平。自主学习不仅使学生能够在劳动中收获成长和进步的喜悦，也激发了他们追求知识与技能的内在动力，从而推动其自我完善的过程。

劳动教育通过这些实践活动，不仅为学生提供了劳动技能方面的培训，更为其自我管理与自主学习能力的培养提供了广阔舞台。这些能力的培养对学生的学术成长产生了深远影响，为其日后进入社会并开启职业生涯奠定了坚实基础。

5.培养团队合作与责任感

学生通过参与集体劳动，不仅能够学会与他人高效协作，还能够在实践中逐步形成责任意识和团队精神。这一过程对学生的个人成长和社会适应能力的提升具有重要意义。

劳动教育通过集体任务的安排，促使学生在小组或团队中共同合作，协调彼此的分工和行动。这种协作关系要求学生具备较高的沟通能力和理解力。在合作过程中，学生需要明确自身责任，并充分发挥团队成员之间的互补性，确保任务能够高效完成。通过这种互动，学生能够学会如何倾听他人意见、如何在团队中表达自己的想法，进而提升其沟通和解决问题的能力。团队合作的经验使学生认识到每个人的贡献对团队的成功至关重要，这不仅增强了其集体意识，也让其更重视在团队中的角色和责任。

劳动教育的实践要求学生不仅关注个人的劳动成就，还要将重心放在团队的共同目标上。在团队合作中，每个成员都需要为团队的整体目标负责，保证自己所承担部分的任务得以高效完成。这一过程中，学生不仅感受到个人责任的压力，还逐步理解团队责任和集体利益的重要性。通过相互支持与信任，学生能够在实践中形成责任担当的意识，这种责任感不仅限于任务的完成，更扩展到对团队成员和社会利益的关心与承担。

在劳动教育过程中，学生能够认识到劳动不仅关乎个人的成功或利益，更是团队与社会共同利益的体现。在团队合作的实践中，学生逐步意识到自己的劳动不仅是为了自身的满足，更是在为团队和社会贡献力量。通过共同努力实现集体目标，学生能体会到集体的力量和社会责任的重要性。这种意识的觉醒使他们在未来的学习和工作中，能够更加注重团队的合作与协作，重视集体与社会的责任，从而形成较为完善的社会责任感和合作精神。

劳动教育通过团队合作的方式，不仅帮助学生提升了沟通、协调和解决问题的能力，也在此过程中培养了他们的责任感和集体主义精神。这些能力和价值观将学生的个人发展与社会发展紧密联系起来，助力其在未来工作和生活中取得成功并更好地适应。

（三）培养创新性思维与解决问题的能力

1. 培养学生的创新性思维

劳动教育为学生提供了一个独特的实践平台，有助于培养其创新性思维。在这一过程中，面对实际的任务和挑战，学生必须调动已有的知识和经验，同时敢于尝试新的思路和方法，从而形成创新性的解决方案。这一过程不仅促进学生突破传统思维模式，也培养了他们灵活应变和独立思考的能力。

劳动教育要求学生在具体实践活动中运用创新性思维应对复杂多变的任务。学生需要从多角度、多层次分析问题，运用跨学科的知识解决实际问题。在解决问题的过程中，学生逐渐学会如何在现有框架下发掘新机遇，寻找更加高效和独特的解决路径。这种创新性思维的培养不仅有助于学生在实践中提高自我解决问题的能力，也在潜移默化中塑造了学生的创新能力。

劳动教育为学生提供了一个强调实践和动手操作的环境，学生能够在不断尝试和实验的过程中提高创新思维能力。面对资源有限或条件苛刻的情况，学生必须学会灵活调整策略，创造性地利用现有资源，找到最佳的解决方案。这一过程能够帮助学生形成一种创新导向的思维模式，即使面对未知挑战，也能保持探索和创新的精神。

劳动教育中的团队合作为学生的创新性思维提供了有力支持。在团队合作中，学生可以与他人分享思想和观点，在集体智慧的碰撞中激发新的创意。通过与团队成员的交流与协作，学生能够借鉴他人的独特见解，进一步完善和丰富自己的创新思维。团队合作不仅拓宽了学生的思维视野，也加深了他们对不同解决方案的理解，从而更好地促进创新能力的发展。

劳动教育的实施为学生提供了一个全面发展的机会，使他们在实践中培养创新性思维，提升解决问题的能力。学生不仅学会如何通过创新思维解决具体问题，还在不断尝试和探索中磨砺了创新能力，为未来的学术研究或职业生涯奠定了坚实基础。

2. 鼓励学生积极尝试新的方法

劳动教育通过鼓励学生积极尝试新的方法，促进了其创新能力和适应力的发展。在这一教育模式中，学生不仅被鼓励提出独特的解决方案，还被鼓励在实践过程中大胆尝试不同的思路和方法。这种培养方式为学生提供了一个开放的环境，激发他们的创新潜力，使他们在面对未知和挑战时能够保持探索精神。

在劳动教育的框架下，学生逐渐认识到创新往往伴随着风险和不确定性，失败并非终点而是进步的必要环节。通过参与各种实践活动，学生学会如何在遭遇失败时调整心态，并分析失败的原因，进而改进自身方法。这样，失败不再是负面情绪的来源，而是成为不断调整和完善思路的重要契机。在这个过程中，学生逐步培养了从失败中恢复和反思的能力，这种反思不仅增强了他们的韧性，也加深了他们对创新过程复杂性的理解。

劳动教育特别强调了自我信念和自主性的培养。通过不断尝试和自我调整，学生能够增强对自身能力的信心，学会独立思考和行动。学生逐渐理解，创新和解决问题的过程不仅仅是运用现有的知识和经验，更是通过不断尝试和实验，突破常规思维的限制。这一过程中，学生们培养了敢于尝试和坚持改进的态度，形成了对创新的积极认知，并为未来的挑战做好了更充分的准备。

劳动教育通过营造一个容错的教育氛围，鼓励学生探索未知、尝试新方法，并从失败中汲取经验，这种教学理念为学生创新精神和实际能力的发展提供了坚实基础。

3. 激发学生的想象力与创造力

劳动教育为学生提供了一个富有创意的实践平台，激发了他们的想象力与创造力。在这一教育模式下，学生能够在自由的环境中选择自己感兴趣的任务或项目，进而培养他们独立思考的能力和创新性思维。通过设计和制作个人作品，学生不仅能够探索多元思维方式，还能够挑战传统的认知框架，从而激发出更具有独创性的想法与解决方案。在劳动过程中，学生通过对任务的自主设计与制作，逐渐突破常规思维限制，进而培养出丰富的想象力。相较于单纯的知识学习，这种自由且富有灵活性的环境使学生能够在没有过多约束的情况下，尝试不同的创意方法和设计方案。在这一过程中，学生们通过亲身实践，不断探索新思路，进而形成多元化的创造性思维模式。

劳动教育重视通过实际操作来提升学生的创造力。在面对设计和制作中的挑战时，学生需综合运用已掌握的知识和技能，灵活应对问题并提出创新解决方案，从而培养了他们的创新思维。面对实际问题，学生的创意需要转化为具体的实际作品，进一步加强他们将抽象思维与实际操作相结合的能力。劳动教育通过这种从思维到实践的完整过程，促进学生在创新过程中不断提升自己的能力和技巧。

劳动教育特别强调独立思考的培养。在设计和制作过程中，学生需要自主地分析问题，权衡多方面因素，并做出独立决策，从而促使学生在面对复杂情境时，能够从不同角度进行深入思考，培养了他们的批判性思维能力以及解决问题的自主能力。这不仅增强了学生的自信心，也激发了他们在未来学习和实践中更加积极主动的探索精神。

4. 培养学生的批判性思维

劳动教育为学生提供了一个促使其批判性思维发展的实践平台。在这一教育过程中，学生不仅需要解决表面的实际问题，还需要深入探讨问题的本质及其根本原因。通过应对多样的挑战，学生得以在处理实际问题时，运用批判性思维对现象进行深入剖析，探寻表象之下的深层次原因。此过程要求学生主动提出关键问题，追溯问题的起源，识别各类因素的交织关系，进而增强他们的问题识别和分析能力。

劳动教育中的推理和分析能力的培养对学生批判性思维的发展至关重要。在面对复杂任务时，学生需运用逻辑推理和分析方法，从已知信息出发，推导出新的结论。这一过程不仅帮助学生识别问题的多重维度，还促使他们在分析过程中发现潜在的解决方案。通过系统性地评估各类影响因素及其相互作用，学生能在多变的情境中作出合理决策，并针对不同变量的变化作出预判。这种思维方式增强了他们的判断力，促使他们在面对复杂情境时能够作出理性且有依据的决策。

劳动教育特别强调从多角度审视解决方案的可行性和后果。在解决问题时，学生不仅需要考虑当前的需求，还需要评估每一个解决方案的长远影响。这种从多个角度进行思考的能力帮助学生权衡不同选择的利弊与风险，从而为决策提供全方位支持。在此过程中，学生形成了综合性思维，能够整合不同的信息和意见，以实现最佳的解决方案。此外，这种批判性思维训练对于学生的创新能力也有着积极的推动作用，促使他们从多维度探索问题的解决路径，避免陷入局限性思维的困境。

劳动教育不仅仅是技术技能的培养平台，更是批判性思维发展的重要场所。通过深入探讨问题本质、开展逻辑推理分析以及从多个视角评估解决方案的影响，学生能够在实际操作中提升思维深度和决策能力。这一过程不仅对学生的学术成就和职业能力的提升至关重要，也为他们在未来面对复杂问题时提供了坚实的思维基础。

5. 培养学生解决问题的方法与能力

在培养学生解决问题的能力方面，劳动教育是不仅仅注重问题的解决结果，更关注学生如何运用科学的方法和策略处理问题的过程。在这一教育模式中，学生通过实践活动掌握了一系列方法论，逐步形成了系统性的问题解决能力。学生需要明确问题的目标，确定解决问题的预期结果，并基于这一目标展开进一步行动。目标的设定与规划能力成为他们在实际操作中不可或缺的核心能力，使学生能够有序地进行任务分解与资源配置。

劳动教育特别强调学生数据收集和分析能力的培养。在解决问题时，学生不仅需要了解问题的背景，还需要通过数据的收集与整理，形成有价值的信息支撑。通过对数据的细致分析，学生能够对问题的本质有更为准确的理解，从而制定更加科学有效的解决策略。数据分析为学生提供了从客观事实出发，进行决策和方案调整的基础，极大地增强了解决问题的精准度和可操作性。

在问题解决过程中，鼓励应学生不断进行效果评估。劳动教育促使学生在执行解决方案后，开展反思性评估，检查解决方案是否达到了预期目标，并识别其中的不足之处。通过这种评估和反思，学生能够及时调整策略，优化方案，以应对可能出现的新问题和新挑战。反思与改进的持续过程不仅提高了解决问题的效率和质量，还帮助学生培养了自我学习和自我提升的能力，促进了批判性思维的进一步发展。

劳动教育为学生提供了一个实践平台，使其能够系统地掌握从目标设定、计划制订到数据分析、效果评估等一系列解决问题的科学方法。此类教育不仅增强了学生的实际操作能力，也为其未来的学业与职业发展奠定了坚实基础。在这一过程中，学生学会了如何更加有条理且高效地解决复杂问题，具备独立思考和自主学习的能力，能够应对快速变化的环境并做出有效决策。

（四）培养团队协作与沟通能力

在实践过程中，学生常常需要与他人共同完成任务，这一过程不仅要求学生在分工协作中展现出较强的团队意识，也促使他们不断提升与他人有效沟通的能力。通过集体劳动，学生得以在团队环境中体验不同的合作模式，借此增强协作和沟通的技能。

在团队合作中，学生必须明确分工，协调工作进度，共同推动任务的顺利完成。学生不仅需要表现出高度的集体责任感，还需要在团队内进行积极的互动与合作，倾听他人意见，尊重不同观点，并与同伴共同制订解决方案。此类合作的经验有助于培养学生的协作能力，使其更好地融入团队并承担相应的集体责任。

劳动教育同样注重学生沟通能力的培养。在团队合作中，学生需要进行有效的沟通与协调，既要清晰表达个人的观点和意见，也要理解他人的需求与反馈。这种沟通过程不仅有助于团队成员之间的信息共享，也促进了学生对不同观点的理解与包容。通过持续的沟通与互动，学生能够增强团队合作的默契，提高共同解决问题的效率。

通过劳动教育，学生能够在团队合作中会到沟通和协作的实际需求，为他们日后在各类集体环境中有效协作和沟通打下了坚实基础。通过这一实践过程，学生的团队意识、协调能力和沟通技巧都得到了显著提升，进而增强了他们在现代社会中所需的合作精神和人际交往能力。

（五）培养责任感和自我管理能力

在劳动教育中，学生不仅需要承担具体的劳动任务，还需要对任务的完成情况及其结果负责。劳动教育为学生创设了一个具象的环境，帮助他们认识到个人行为与集体目标之间的联系，进而激发他们对自身职责的认知和承担责任的主动性。

通过劳动教育，学生逐步建立起责任意识。任务的分配与完成使学生体会到每项工作的背后都承载着一定责任，且每个决策和行动都可能直接影响工作进展及最终成果。责任感的培养不仅体现在任务的完成度上，还包括对工作质量的严格要求。在这一过程中，学生学会评估自己的表现，反思工作中的优劣，并通过不断实践，建立起责任导向的工作态度。这种态度对于他们未来的学术研究、职业生涯乃至个人发展有着深远影响。

在完成劳动任务过程中，学生必须遵守既定的规程和标准，合理安排时间，确保在规定期限内高质量地完成任务。劳动教育要求学生自我管理，克服拖延和懈怠，培养高效的时间管理技能和高效的资源利用能力。在这一过程中，学生不断调整和优化自己的工作方式，强化自我控制和规划的能力。

这种自律不仅限于工作任务的完成，也涵盖了学习和生活中的各项安排，使学生能够在更广泛的领域内高效运作。

劳动教育注重帮助学生通过实践建立目标导向的工作方法。在实际操作中，学生需要为每项任务设定明确目标，并依照既定计划逐步推进。随着任务的推进，学生能够体会到目标达成带来的成就感，从而进一步增强自我管理的信心与能力。这种目标感和规划性为学生提供了自我驱动的动力源泉，使他们在面对日常挑战时更加有序、高效。

劳动教育通过责任感和自律能力的培养，不仅增强了学生在工作中的规范性和严谨性，也为他们将来在社会中独立承担责任、自我管理奠定了坚实基础。这种责任感与自律能力的双重提升使学生在面对复杂情境时能够保持冷静、理性，从容应对各种任务与挑战。

二、初中道德与法治教学中劳动教育的融合

在新时代环境背景下开展劳动教育对促进学生全面发展具有重要作用。将道德与法治课程中融入劳动教育，有助于培养学生的劳动意识，让学生正确认识劳动行为的价值。[①] 初中道德与法治课程蕴含丰富的劳动教育资源，对学生进行劳动教育非常有必要，有助于提升他们的自信心，促进其健康成长与发展，使其成为一个拥有健康体格与健全人格的时代新人。

（一）初中道德与法治教学中劳动教育的意义

1.提升教学层次，增加道德与法治课程的吸引力

初中道德与法治课程旨在通过系统教育培养学生良好的思想品德，树立正确的价值观与法律意识。随着教育理念的不断深化，单纯的理论教学已无法满足当前时代学生全面发展的要求，劳动教育作为一种创新的教学方式，能够有效提升课程的层次感，并通过多维度的教学方式增加课堂的吸引力。在这一过程中，劳动教育不仅能够拓宽学生的知识视野，还能够促进学生内在素质的全面发展，使课堂教学更加生动和富有实效。

劳动教育能够帮助学生从多角度理解国家发展成就背后的艰辛历程。通过这一过程，学生能够深刻感知到中国在历史长河中的崛起，并意识到这一

---

① 马国文.中小学道德与法治教学中开展劳动教育策略研究 [J].国家通用语言文字教学与研究,2023(4):61-63.

切离不开广大劳动者的辛勤付出。将这种认知融入道德与法治课程中，不仅有助于激发学生的民族自信心，还能够增强他们对国家历史文化的认同感和责任感，培养他们对社会贡献的深刻理解。这种情感上的共鸣不仅为课堂增添了人文温度，也使学生对课本知识有了更为深刻的认识与情感上的共鸣。

学生通过劳动教育，能够在反思当前国家发展问题的基础上，增强社会责任感。这一层次的教学引导学生明确当前社会面临的挑战，并认识到这些挑战需要每个公民，尤其青年一代的积极参与。劳动教育作为一种实践性的学习方式，促使学生将课堂上学到的知识与现实世界的需求对接，从而培养他们的问题意识和解决问题的能力。通过这种方式，课程的教育功能得以进一步深化，学生的思维层次也随之得到拓展。

劳动教育能够帮助学生深入理解劳动的内在价值与社会意义。劳动既是国家发展的基础动力，也是个人成长和社会责任的重要体现。通过对劳动的深入理解，学生不仅能够增强劳动意识，还能够培养对劳动的尊重。这一过程不仅让学生明白个人劳动对社会的贡献，还激发了他们对社会多样化劳动的尊敬与认同，进而树立正确的职业观和价值观。

通过劳动教育，学生还将逐步认识到每个职业的独特价值与重要性。劳动教育课程将帮助学生理解不同的工作岗位对于社会发展都具有不可替代的作用，每一份辛勤的劳动都在推动社会进步与国家繁荣。在这种认知的基础上，学生不仅能够消除对某些职业的偏见，还能够树立起职业平等的理念，尊重不同领域劳动者的工作，尊重每一种职业的独特价值与贡献。

劳动教育通过引导学生感知"实现中国梦"的艰巨性与复杂性，帮助学生树立起扎实的实干精神。学生将在劳动的过程中深刻认识到国家的未来与个人的命运息息相关。通过体验劳动的艰辛与成就，学生逐步树立起传承实干精神的意识，增强为实现国家梦想、个人理想而不懈奋斗的决心。

2. 培养学生劳动意识，提升核心素养

在初中阶段，劳动教育不仅是道德与法治课程的重要组成部分，也是培养学生社会责任感与自我管理能力的关键途径。劳动教育能够帮助学生培养良好的劳动习惯，并促使其形成积极的劳动态度，使学生从内心深处尊重劳动，认识到劳动不仅是生存的手段，更是社会发展的基础力量。

劳动教育通过实践引导学生形成正确的劳动价值观。系统的劳动教育能使学生认识到劳动是人类社会发展的基石，是推动社会进步、实现个体价值的关键途径。劳动教育不仅限于形式上的劳动操作，更重要的是通过教育活动让学生理解劳动的社会意义、历史意义和个人意义。将这种劳动意识融入道德与法治课程中，不仅能够帮助学生树立起正确的劳动观，还能够激发他们对劳动的尊重和对劳动者的敬意，从而促进他们思维层次的提升与人格素质的发展。

劳动教育有助于培养学生动手操作的能力及其解决实际问题的能力。在日常的劳动实践中，学生不仅需要学会如何完成任务，更需要在操作过程中培养独立思考与团队合作的能力。通过任务分配、目标设定、时间管理等环节，促使学生掌握一定的劳动技能，这不仅是学生获得知识的途径，也是学生在实际生活中获得成就感的过程。这种实践性的教育方式让学生不断完善自我的同时，能够有效提升自己的核心素养，尤其在批判性思维、问题解决能力以及自我管理能力等方面获得显著提高。

劳动教育为学生提供了一个全面发展的实践平台，通过这一平台，学生的劳动意识得以不断强化，并将其内化为自觉的行为准则。这种自觉性不仅体现在课堂任务的完成上，更体现在学生日常生活中的行为习惯和社会责任感的培养上。劳动教育使学生在完成各类劳动任务的同时，也在不断完善自己的人格，培养出对社会的责任感与对他人劳动成果的尊重。

劳动教育不仅帮助学生理解道德与法治的知识，还促使学生在实践中将这些知识转化为行动，进而形成一种积极的生活态度和责任感。这一过程不仅仅有助于学生核心素养的提升，还推动了素质教育的全面发展，为学生未来的社会参与和自我实现奠定了坚实基础。

（二）初中道德与法治教学中劳动教育的措施

1.制定劳动教育目标，突出以劳育德

在劳动教育的教学设计中，明确且合理的教育目标是确保教学活动顺利开展、达成预期成果的关键因素。通过设定有针对性的目标，不仅能够有效引导学生在实践中形成正确的劳动观念，而且能够强化劳动教育在课程中的核心地位。在这一框架下，劳动教育应当从学生的认知层面入手，逐步引导学生对劳动的全面理解，并通过多维度的教育活动，培养学生的劳动能力、责任感及对劳动的尊重。

劳动教育的基础目标在于引导学生认识并理解劳动的内涵。新时代的劳动不只是体力劳动的单一呈现，而是包括了智能化、知识化等多种层面的劳

动形式。学生应从课堂教学中明白劳动不仅是社会发展的动力，也是个人成长的必要条件。因此，教师应通过教学活动引导学生树立起科学的劳动观，并使其认识到劳动是每个人不可或缺的责任和义务。在这一过程中，学生对劳动的基本理解将为他们在今后的劳动实践中打下坚实的认知基础。

劳动教育的目标应当进一步深化，帮助学生正确认识劳动在国家、社会及个人层面的重要地位。通过对劳动在国家经济、社会稳定以及文化传承中的作用进行分析，学生能够理解劳动不仅是个人生存的基础，更是推动社会进步、国家发展的核心动力。在此基础上，教师可以通过适当的劳动实践活动，增强学生的劳动能力，同时培养学生对劳动的情感认同。劳动教育不应局限于理论的讲解，而是应通过实践活动的渗透，使学生真正体验劳动的艰辛与乐趣，从而在实践中深化对劳动的全面认识。

教师应通过课堂教学与课外活动的有机结合，帮助学生认识新时代劳动者所需的各种品质。例如，学生应通过学习了解现代社会需要具有创新思维、团队协作精神以及坚韧不拔品质的劳动者。在这一过程中，劳动教育不仅有助于学生技能的提升，更注重培养学生的职业素养和社会责任感。这种多角度的教育模式，使学生能够逐渐理解作为新时代的公民，不仅要具备劳动技能，更要具备适应新时代发展要求的综合素质。

教师应根据劳动教育的目标，设计具体的教学策略。例如，教师应通过与学生互动，促进学生主动参与教学活动，增强他们的沟通能力和合作精神。通过劳动教育的渗透，学生不仅能够掌握基本的劳动知识与技能，还能够在思想和情感层面得到深刻教育。此外，教师还应关注学生对劳动者角色的认同，通过揭示不同劳动岗位的价值与社会功能，引导学生树立起尊重劳动、崇尚劳动的社会责任感。

2. 开发劳动教育资源，拓展课程内容

在初中道德与法治课程中，教材作为开展劳动教育的基础内容固然重要，但仅依赖课本中的资源难以满足学生全面发展的需求。因此，教师需要根据学生的成长需求，结合学校、区域和时代的特点，适时开发丰富多样的劳动教育资源。这不仅能填补教材内容的不足，还能为学生提供多角度、多层次的劳动教育体验，从而有效培养其正确的劳动价值观和核心素养。

从学校教育资源的角度来看，学校内的资源种类繁多，涵盖了校园文化、教学主体以及课程设置等多个方面。校园文化作为一种隐性教育资源，蕴含着丰富的劳动教育内容。例如，学校的标语、宣传栏、校风、班风等都具有潜移默化的教育作用，通过利用这些文化符号，可以强化学生的劳动观念。同时，教师作为课堂教学的核心，应将个人的人格魅力、专业特长、兴趣爱好及生活经验融入教学中，形成对学生的全方位影响。在这种互动中，将潜移默化的培养学生的劳动观念、情感体验和社会责任感，从而更好地推动学生的全面发展。此外，每个学生本身也是劳动教育的重要资源。通过组织学生在班级中的贡献与合作，可以让学生体会到集体劳动的意义和价值，从而加强他们的团队合作意识与劳动责任感。这些生动的教育资源能使学生在实际生活中，培养尊重劳动、热爱劳动的情感。

从家庭教育来看，家庭是学生个性形成的重要场所，而家长在日常生活中的劳动行为、劳动态度及其对劳动的价值观念会深刻影响孩子的成长。家长作为孩子的第一任教师，其劳动经验和生活智慧可以通过言传身教的方式传递给孩子。与此同时，家长与学校的合作也是劳动教育资源的重要组成部分。通过家校合作，家长不仅可以支持学校的劳动教育活动，还可以在家中监督孩子的劳动过程和成果。家长的反馈和交流，不仅有助于学生建立正确的劳动观，还能够帮助他们在实践中培养出高效的劳动技能和积极的劳动态度。因此，家庭劳动教育资源的开发和利用能够有效促进学生劳动观念的形成，使之成为课堂教学的有力补充。

现代社会的信息化、媒体化为劳动教育提供了广泛的资源渠道。新闻报道、影视作品、小说、短视频等大众传媒内容中，常常能够找到与劳动相关的教育素材。例如，纪录片《大国工匠》、综艺节目《劳动最光荣》以及新闻联播中的劳动模范人物故事都是极具教育价值的劳动教育资源。教师可以根据课程的教学目标和学生的兴趣，精心挑选这些劳动故事作为教学案例，通过对劳动模范人物的分析与讨论，激发学生对劳动的尊重和对劳动者的敬意。这类资源具有生动性、真实性和感染力，能够帮助学生在了解劳动成就的同时，增强他们的劳动意识，并将其转化为日常生活中的实际行动。

同时，劳动教育的实施还离不开丰富的劳动实践活动。仅凭口头教育难以让学生真正感受到劳动的价值，需要通过实践活动增强学生的劳动情感。教师应根据学生的年龄特点和发展需求，精心设计符合学生实际的劳动实践活动。通过这些活动，学生不仅能够提升实际操作能力，还能够增强与社会、家庭、集体的联系，从而形成正确的劳动价值观。

第三节　初中道德与法治教学中的集体主义教育

一、集体主义教育的相关概述

集体主义教育是对学生进行有针对性、系统性影响的过程，核心目的是促进学生形成集体道德观念和集体价值观。这一教育实践活动的本质在于引导受教育者理性认知并处理集体与个体之间的关系。在实施过程中，既要坚持集体主义的核心理念，以确保集体与国家、个人之间的和谐统一，也要兼顾个体的发展，最终实现集体与个体的平衡。集体主义教育注重在国家和集体的框架下培养学生的集体主义意识，同时强调以人为本的教育理念，推动个体价值的实现。教育者通过集体主义教育的实践，不仅需要塑造学生的集体主义思想，还需要激发他们内心的集体情感，从而引导其在社会实践中形成正确的集体行为模式。这一过程有助于提升学生对集体的认同感，并在集体与个体之间建立良好的互动关系。

从集体主义教育的组织结构来看，它是一种将集体主义认知、情感和行为相融合的教育形式。其基础是培养学生的集体主义意识，这一意识的形成是集体主义教育得以顺利开展的前提。教育者需要通过有效的教学设计和策略，帮助学生树立对集体的认同，进而加强他们对集体利益的关注。与此同时，集体主义教育不仅要求学生理解集体主义的核心价值观，还需要通过情感的激发，培养他们对集体的情感依附。集体主义教育的关键在于能够唤起学生内心的集体情感，从而为集体主义行为的践行提供情感支持。在此基础上，教育者通过一系列实践活动，促进学生将集体意识和情感转化为具体行动，即在实际生活、学习和工作中，将集体主义理念落实到日常行为之中。集体主义教育的最终目标就是使学生在面对个人与集体的关系时，能够做出理性选择，并自觉将个人利益与集体利益相统一，实现集体主义思想的社会价值。

（一）初中道德与法治教学中集体主义教育的特点

集体主义教育在道德、政治和社会发展中具有重要的价值引领功能，其不仅能对社会形成强有力的凝聚力，而且能激发个人强烈的责任感。[①]新时代初中政治教学中集体主义教育的特点主要体现在以下四个方面：

1. 以"中国梦"为价值导向

以"中国梦"为核心价值导向的新时代集体主义教育，彰显了鲜明特征和时代诉求。"中国梦"作为国家发展的宏伟目标和民族振兴的精神旗帜，凝聚了每个中华儿女的共同愿望。它将国家、民族和个人的发展目标有机结合，以国家繁荣为基础、以个人幸福为保障，构建了三者之间的紧密关系。因此，"中国梦"成为新时代集体主义教育的重要价值指引。其内涵深刻体现了集体主义思想，强调国家利益与个人利益的统一性，为新时代集体主义教育提供了清晰的方向。

在初中政治教育中，以"中国梦"为核心的集体主义教育需要进一步凸显其时代意义和现实价值。青少年作为国家和民族未来的核心力量，是社会主义建设的重要组成部分，其价值观念的形成直接关系到国家的发展前景和民族的复兴进程。初中阶段是青少年思想观念逐步确立的重要时期，这一阶段的政治教育应以"中国梦"为指引，将集体主义思想融入课程体系和教育实践。通过深刻阐释"中国梦"的核心理念，帮助青少年理解其内涵和重要性，促使青少年在个人成长过程中始终关注国家和民族的共同利益。

"中国梦"的实现不仅是国家的目标，更是每一位青少年应共同追求的方向。在这一价值导向下，初中政治教育需要着眼于培养青少年的使命感与责任感，使其在思想上认同集体主义价值观念，在实践中积极参与中国特色社会主义建设事业。教育者应通过多样化的教学手段，激发青少年对实现中华民族伟大复兴事业的热情，帮助其树立为国家发展贡献力量的志向。与此同时，应当引导青少年在个人追求与集体利益之间寻求平衡，树立正确的奋斗观念，将个人梦想融入实现"中国梦"的伟大实践中。

在教育实施过程中，政治教育不仅需要注重理论传授，还需要加强实践引导，使青少年能够在实际生活中践行集体主义理念。以"中国梦"为核心价值导向的集体主义教育旨在帮助青少年在国家发展和个人成长的关系中找到共鸣，促使其在思想上与民族复兴的目标保持一致，在行动上勇于担当时代责任。在此基础上，初中政治集体主义教育应努力构建以"中国梦"为核

① 邱思雨.网络时代下优化集体主义教育路径研究 [J].现代商贸工业,2023,44(4)：194-195.

心的教育体系，为实现中华民族伟大复兴培养具有高度社会责任感和历史使命感的新时代青年。

2. 集体主义教育与爱国主义、社会主义教育相融合

集体主义教育与爱国主义、社会主义教育的有机融合不仅是新时代思想政治教育的重要特征，也是实现"中国梦"的重要途径。"中国梦"作为新时代的精神纽带，既彰显了国家与个人之间的紧密联系，也为"三个主义"教育的融合提供了核心指引。"中国梦"将个人、家庭与国家的梦想深度融合，形成了共同的奋斗目标。这种统一性不仅凸显了集体精神的强大力量，也是推动中国特色社会主义共同理想形成的重要手段。

通过"中国梦"的教育实践，将"集体主义""爱国主义"和"社会主义"三种精神整合为一体，能够有效引导青少年树立正确的理想信念和价值取向。这种融合不仅是一种教育内容的叠加，更是一种思想内核的深度契合。"集体主义"强调个人与集体的协调发展，"爱国主义"引导个体对国家和民族的忠诚与热爱，而"社会主义"则提供了共同理想和社会实践的方向，三者相互渗透、彼此促进，使青少年能够在多维度的教育影响下，更加全面地理解和践行中国特色社会主义的核心价值。

在初中政治教学中，"集体主义""爱国主义"和"社会主义"的融合教育应注重整体性和系统性。在内容设计上，应以"中国梦"为主线，将三种精神贯穿课程之中，通过理论讲解、实践活动和价值引导相结合的方式，增强教育的深度和广度。在教学过程中，要着力弘扬爱国主义精神，激发学生对祖国的认同感；倡导集体主义观念，引导学生树立合作意识和团队精神；强化社会主义信念，帮助学生理解中国特色社会主义的现实意义和发展目标。

"集体主义"教育、"爱国主义"教育和"社会主义"教育有机融合的核心目标是通过价值观念的塑造和实践能力的培养，使学生具备较强的民族自尊心、自信心和自豪感。此外，三种精神的融合教育还能够促进学生道德品质、思想境界和社会责任感的全面提升，从而为国家培养具有高度责任感和使命感的新时代合格公民。在新时代背景下，这种教育模式具有重要的现实意义，为国民素质的整体提升和民族复兴的伟大实践奠定了坚实基础。

（二）初中道德与法治教学中集体主义教育的意义

1. 有利于促进学生成长

初中阶段是学生心智逐步从稚嫩走向成熟的关键时期，这一阶段的学生

具备较强的可塑性和接受能力。通过初中政治课程的科学引导，能够帮助学生树立正确的价值观，增强思想认同，从而顺利度过心理发展中的迷茫期，为实现全面发展奠定坚实基础。集体主义教育作为初中政治课程的重要组成部分，能够在多个方面促进学生的健康成长，包括情感激发、行为习惯养成以及理想信念的树立等，具有显著的教育价值和实践意义。

（1）有利于激发学生的集体主义情感

当今社会，随着文化多样化趋势的不断加强，在多元文化的影响下，学生面临更复杂的价值选择。初中政治课程中的集体主义教育通过构建集体意识，能够有效引导学生把握个人与集体、个体与社会之间的辩证关系。通过深入学习中华民族伟大复兴的历史使命，能够增强学生对国家和民族的认同感，激发其对社会主义核心价值观的深刻理解。集体主义情感的激发是培养学生家国情怀的重要环节。通过丰富的课程内容与实践活动，学生能够认识到个人成长与社会发展之间的内在联系，逐步形成强烈的社会责任感。这种情感教育不仅能够提高学生的思想高度，还能够使其在学习和生活中更加注重团队合作精神，从而更好地融入社会。此外，通过集体主义教育，学生能够增强自身对中国特色社会主义事业的理解和认同，并坚定实现中华民族伟大复兴的信念。

（2）有利于学生养成为集体服务的行为习惯

在信息化时代，初中生接触到了丰富多样的信息资源，虽然这种信息多样性拓展了学生的认知视野，但也容易导致部分学生价值观的迷失。通过初中政治课程中集体主义教育的渗透，可以有效提升学生的集体责任感和服务意识，帮助他们学会从集体的角度思考问题，并以集体利益为重。这样的教育能够在潜移默化中影响学生的行为习惯，使其逐步形成良好的服务集体的行为模式。集体主义教育强调的是个体在集体中的角色定位与行为规范。通过教学活动，如小组讨论、社会实践等，学生能够在具体情境中体会到团队合作的重要性，并逐渐将为集体服务的理念内化为自觉行为。这不仅有助于学生在学习中发挥主动性，也能帮助他们在生活中更加关注维护集体利益，并体现其奉献精神。随着学生行为习惯的不断完善，其在社会交往能力和解决问题能力方面也会逐步提升，从而为其未来发展提供强有力的支撑。

（3）有利于学生树立崇高的理想

当前，中国特色社会主义进入新时代，对学生提出了更高要求。学生作为祖国未来发展的希望，其成长与国家和民族的命运息息相关。集体主义教育能够通过培养学生的理想信念，引导其树立正确的人生目标，并为其实现自身价值和社会责任奠定基础。初中政治课程通过集体主义教育，使学生在理解集体主义精神的过程中，逐步建立起共产主义远大理想和中国特色社会主义共同理想。这种理想信念的培养过程，让学生认识到个人奋斗与国家发展的深刻联系，从而激励他们以崇高的目标为人生指引，积极投身中国特色社会主义建设事业之中。同时，集体主义教育通过历史案例和理论学习，使学生更加坚定对社会主义事业的信念，并形成高尚的人格品质。

2. 有利于培养学生的责任感和使命感

在教育实践中，责任感和使命感的培养既是个人成长的必然要求，也是社会协调发展的核心内容。责任感的形成并非自发而成，而是一个由外部规范逐步内化为个人信念的渐进过程。这一过程需要通过系统的教育引导，使学生从被动接受转向主动认同，最终形成自觉的价值观和行为模式。作为社会主义核心价值观的重要组成部分，集体主义为责任感的培养提供了坚实的精神支撑和思想引领。通过集体主义教育的深入开展，可以帮助个体认识到自身行为与集体利益之间的紧密联系，使其更加明确在社会中所承担的责任，从而实现个人与集体、社会之间的良性互动。

在初中政治教育中，社会责任感的培养具有突出价值。通过集体主义教育的渗透，学生能够意识到在公共事务中坚持集体优先、奉献社会的重要性。这种意识的建立需要教育者以社会责任为核心目标，设计具有导向性的课程内容，引导学生关注社会需求和集体利益，增强其服务精神。通过理论学习与实践体验的结合，学生可以更深刻地理解责任感的内涵，并在实际行动中自觉践行这一价值观念。与此同时，社会责任感的培养不仅有助于学生认知能力和价值观的提升，还能促进其行为习惯的形成，使其在未来社会生活中能够主动承担责任、履行义务。

在新时代背景下，使命感的教育与责任感的培养相辅相成，共同构成社会主义核心价值观的重要实践领域。以民族复兴和国家繁荣为主题的教育内容应贯穿初中政治课程，旨在引导学生认识到个人发展与国家命运之间的深刻联系。通过设计教育活动，学生能够逐步认知自身在历史进程中的角色与意义，并在思想深处树立强烈的历史责任感。这种使命感的教育不仅可以提升学生的价值认同与信念坚定性，还可以在情感层面激发其对国家和社会的归属感，从而为实现国家发展目标贡献力量。

教育者应围绕社会责任感与历史使命感，设计切实可行的实践活动，帮助学生将理论知识转化为实际行动。这种实践不仅能够深化学生对集体主义精神的理解，还能够使其在履行社会责任中感受到个人价值的实现。通过反复的实践与反思，学生能够逐步将集体主义理念内化为自觉行动，为成为具有社会担当与历史使命感的新时代公民奠定坚实基础。这样的教育路径不仅对于培养符合时代需求的社会主义建设者和接班人具有重要意义，也是实现社会主义核心价值观具体化和生活化的有效手段。

（三）初中道德与法治教学中集体主义教育的任务

集体主义教育作为初中道德与法治教学课的核心内容之一，对于提升学生的道德水平、培养健康的社会观念具有深远意义。基于课程标准的要求，集体主义教育的主要任务包括树立学生的集体意识、奉献意识和合作意识，并通过养成教育促使学生形成服务集体的良好行为习惯。在教育实施过程中，教师应注重将理论知识与学生的日常生活相结合，使学生能够在实践中体会集体主义的价值内涵，逐步实现道德意识的内化与行为的外化。

1. 树立集体意识

集体意识作为集体主义教育的核心要素，是培养学生社会归属感和责任感的重要途径。初中生正处于心理发展和社会化的重要阶段，他们对于个体与群体的关系认知尚处于初步认识阶段。因此，在道德与法治课程中，教师需要通过系统的集体主义教育，引导学生深刻理解个人与集体之间的密切联系。通过树立集体意识，学生能够认识到集体利益的重要性，并明确自己作为集体成员应承担的责任。

集体意识的培养应以具体情境为依托。教师可以通过分析具有代表性的案例，帮助学生理解个人行为对集体的影响，并认识到集体的成功离不开每个成员的积极参与。同时，通过组织班级活动、团队协作任务等形式，增强学生的集体参与感，使他们在实际体验中感受到集体的力量与价值。这种教育方式能够有效帮助学生将抽象的集体主义理念转化为具体的行为实践，从而提升他们的集体意识水平。

2. 树立奉献意识

奉献意识的核心在于引导学生自觉为集体利益贡献自己的力量。奉献意识不仅是一种高尚的道德品质，更是初中生实现自我价值的重要方式。在社会发展日益强调合作与共享的今天，培养学生的奉献意识有助于提升他们的社会责任感，使其在未来社会中能够积极承担更多的集体责任。

在教学实践中，奉献意识的培养需要从小处着眼、从细节入手。教师应通过道德与法治课程的内容安排，使学生逐步认识到奉献的意义以及奉献对集体发展的积极作用。例如，通过对典型事例的学习，引导学生了解如何在实际生活中体现奉献精神；通过组织公益活动，让学生在真实情景中体验奉献带来的成就感与幸福感。这种理论与实践相结合的教育模式能够帮助学生更加深刻地理解奉献的内涵，并在思想与行为层面实现统一。

3. 树立合作意识

合作意识的树立旨在帮助学生理解合作在实现集体目标中的关键作用。合作意识不仅是一种能力的体现，更是学生适应社会生活的必备素养。初中生在日常学习和生活中需要通过与他人协作完成各类任务，因此，培养合作意识对于提高学生的团队协作能力和社会适应能力具有重要意义。

合作意识的教育应注重情境化与互动性。在课堂教学中，教师可以通过小组讨论、角色扮演等互动形式，鼓励学生与同伴进行积极互动，使其在合作过程中感受到团队协作的重要性。同时，通过设置具有挑战性的合作任务，让学生在解决问题过程中体会到合作的价值和必要性。此外，教师还应重视指导学生正确处理合作中的冲突，使他们学会尊重他人的意见，理解不同观点，培养包容与互助的品质。

二、提升集体主义教育效果的措施

（一）提升教师集体主义教育的意识与专业素养

1. 提升教师集体主义教育的意识

教师必须树立集体主义信念。教师作为教育的引导者和实践者，必须在思想层面深刻理解和认同集体主义的内涵与意义，这种认知不仅是教学活动的起点，更是推动学生认知、情感与行为转变的关键动力。教师应深刻认识到集体主义在新时代社会建设中的广泛体现与核心地位。集体主义作为社会主义核心价值观的重要内容，贯穿国家发展、社会运行以及人民生活的方方面面。教师须不断提高对集体主义教育的认知水平，明确其不仅是思想道德教育的重要内容，更是促进学生全面发展的必要途径。只有当教师对集体主义教育充满信心，真正相信其能在学生思想品德培养中发挥重要作用，才能在具体教学过程中准确传递集体主义理念，从而达到理想的教育效果。

教师要充分发挥自身在集体中的示范作用。教师是学生价值观形成的主要影响者之一，其一言一行会对学生产生潜移默化的影响。因此，教师不仅需要通过言语阐释集体主义理念，还应通过实际行动展示集体主义精神的内涵。以身作则是集体主义教育的核心要求，教师必须在日常教学与生活中以高度负责的态度对待集体事务，积极参与学校和社会的集体活动，展现出尊重集体、服务集体的具体行为。这种示范效应能够帮助学生更直观地理解和接受集体主义价值观，进而将其内化为自觉的道德行为准则。

教师必须重视集体主义教育在学生发展中的作用。教师作为教育教学的主导者，必须充分认识到集体主义教育对学生发展的深远影响。集体主义教育不仅能够帮助学生树立正确的价值观，还能够提升他们的社会责任感与团队合作能力，为其未来融入社会奠定基础。因此，教师在教学过程中必须将集体主义教育置于重要地位，确保其贯穿课程内容、课堂教学以及课外活动的各个环节。

2. 提升教师集体主义教育的专业素养

（1）提升教师集体主义教育理论素养

理论素养是教师实施集体主义教育的重要基础，直接决定了教育实践的深度与效果。教师作为思想引领的核心力量，需要深刻理解理论对实践的指导意义，特别是在集体主义教育中，扎实的理论基础不仅能明确教育目标还能为具体教学活动提供方向和依据。因此，提升教师的集体主义教育理论素养是实现高质量教育的重要任务。

教师应积极参与多种形式的集体主义教育理论研修活动。专题研讨会、教师培训和工作坊等活动是提升教师理论水平的重要途径，有助于教师从更专业的角度理解集体主义的思想渊源及其与社会发展的关系。在参与过程中，教师不仅可以系统学习集体主义的理论精髓，还可以与同行分享实践经验、交流教育心得，从而将理论学习与教学实践紧密结合。通过这种不断学习与互动的过程，教师可以逐步构建起扎实且动态的理论体系，为教育活动的创新提供理论支持。

理论素养的提升离不开教学实践的反思与总结。在实际教学中，教师需要不断观察和分析学生对集体主义教育内容的理解与接受程度，并从中总结经验、发现不足。这种基于实践的反思能够为教师提供反馈信息，帮助其识别教学活动中可能存在的问题，并引导其进一步深入理论学习，以更好地调整教学策略。理论与实践的良性循环既能够促进教师的专业成长，还能够提高集体主义教育的实施效果。

（2）提高教师集体主义教育教学能力

教师应当明确集体主义教育在初中政治课程中的定位以及与其他课程内容的关系，并据此优化教学设计。同时，教师需要结合学生的认知特点和学习需求，探索集体主义教育的多样化实施路径，确保课程内容既具有思想深度，又贴近学生实际。在课程研究过程中，教师应充分利用相关研究成果与教学实践经验，不断提升自身的专业教学能力，为学生提供科学、高效的教育指导。

教师应具备开发和利用集体主义教育教学素材的能力。校内外丰富的教育资源是开展集体主义教育的有力支撑，教师要有意识地挖掘和整合这些资源，为课堂教学提供生动鲜活的内容。通过对教材内容的深入分析和精准把握，教师可以选取符合课程目标的案例和素材，使教学内容更加具体形象。此外，教师还要关注社会发展的动态变化，将具有现实意义的集体主义教育内容融入教学中，使学生能够从真实情境中理解集体主义的价值。在教学素材的开发过程中，教师既要关注内容的丰富性和适用性，也要注重其思想性与教育意义，以确保素材能够有效支持学生的思想认知与行为培养。

教师要不断优化教育方法，提高教育教学的针对性和实效性。教学能力的提高不仅体现在理论设计与素材开发上，还体现在教学活动的具体实施过程中。教师应以学生为主体，根据集体主义教育的特点，选择适宜的教学方法，如问题探究、情境模拟等，激发学生的主动参与意识，深化其对集体主义内涵的理解。在教学过程中，教师要善于观察学生的反应，及时调整教学策略，以适应学生的学习需求，确保教学目标的实现。

教师还应注重对自身教育实践的反思与总结。在集体主义教育的具体实施过程中，教师需要不断反思教学成效和学生的接受情况，通过总结成功经验和发现不足之处，逐步完善教学方案。这种自我提升的过程不仅有助于优化集体主义教育的实施路径，还能够增强教师在教育教学中的创新能力。

（二）在课外活动中开展集体主义教育

学生集体主义行为的养成不能脱离生活实际，因此集体主义教育应当融入学生的日常学习和生活，鉴于学生的实践生活和学习主要存在于学校和社会两个场域，教师要针对这两个方面开展实践活动，以强化学生的集体主义认知，养成自觉践行集体主义行为的习惯。

1. 开展校本化实践活动

在初中阶段，集体主义教育的有效实施不仅依赖理论教学的传授，还需要结合实践活动来增强其影响力。校本化实践活动作为集体主义教育重要的实施途径，能够提供多样化的教育形式和实践场景，促进学生集体主义意识的培育与行为的养成。为了实现这一目标，教师应当深入挖掘校园内的各类资源，精心设计和组织符合教育目标的实践活动，从而达到理论与实践的有机结合。

（1）开展大型团体比赛

开展大型团体比赛作为实施集体主义教育的重要方式，能够有效激发学生的集体合作精神和集体荣誉感。在这种活动中，学生通过共同参与比赛和团队合作，能切身感受集体目标和个人责任之间的关系。教师可以设计与集体主义相关的比赛形式，如组织主题为"集体荣誉"或"团结协作"的赛事，引导学生在小组讨论和团队协作中完成任务，并通过民主与公正的评估，进一步理解集体主义的核心价值。通过这种实践活动，学生能够在互动与合作中深化对集体主义的认知，并在实际操作中体会到集体合作的力量与重要性。

（2）开展集体典礼活动

集体典礼活动是学校日常教育活动中的重要组成部分，对于集体主义教育起到了不可忽视的作用。升旗仪式、经典诵读、集体文化活动等都是学生参与集体活动的重要机会。这些活动不仅是学生展现集体精神的平台，也是学校对学生进行集体主义、爱国主义教育的具体实践。在集体典礼中，学生通过共同参与活动仪式，在感受集体氛围的同时，也能从仪式和活动本身汲取集体主义精神的养分。教师可以通过策划集体典礼活动，如结合升旗仪式进行武术表演、经典诵读等，增强活动的文化内涵与教育效果。这些活动能够增强仪式感和集体归属感，能够有效培养学生的集体认同感，促使其在日常生活中更主动地践行集体主义价值观。

（3）开展专题班会

专题班会作为一种重要的校本化实践活动形式，通过深入的班级讨论与集体学习，能够强化学生对集体主义理论的理解。专题班会通过组织有针对性的讨论和教学，促进学生对集体主义内涵的深刻认识，帮助学生在实践中形成集体主义的行为模式。在班会中，教师不仅可以通过理论知识的传授，帮助学生理解集体主义的基本理念，还可以通过生活案例分析，使学生能够在具体情境中思考和践行集体主义精神。班会作为学生日常集体生活的一部分，能够有效增强班级凝聚力，促进学生之间的互动与合作，使集体主义精神真正内化于心。

2. 组织社会化实践活动

社会化实践活动是集体主义教育的重要组成部分，它通过在社会层面开展实践教学，让学生在更广泛的社会环境中体验集体主义的价值，培养其社会责任感与集体意识。与学校内的传统教学活动相比，这类活动具有更强的现实性和生活性，能够让学生更直观地感知集体主义精神在社会各个层面的体现。教师通过组织学生参与社会化实践活动，帮助学生将理论知识与社会实际紧密结合，进而促进学生的个体成长和集体认同感的形成。

社会化实践活动将学生置于多元化的社会环境中，使其在真实的社会互动中理解集体主义的意义。通过参观访问、社会调研以及公益劳动等形式，学生能够亲身感受集体力量的伟大，增强对集体主义精神的认同与理解。活动中的集体合作与互动能够帮助学生认识到个体在集体中的独特作用和价值，激发其为集体贡献力量的意愿。同时，社会化实践活动为学生提供了认识和接触不同社会群体的机会，通过对社会多样性的体验，学生不仅可以增强文化认同感，还可以体会到集体主义精神对促进社会和谐与发展的关键作用。

社会化实践活动为学生提供了展示自我和实现自我价值的平台。在活动中，学生不仅是受教育者，更是积极参与者和贡献者。学生通过在集体中的实际操作和互动，不仅能够加深对集体主义的理解，还能够在团队合作中明确自己的责任与使命。这种集体中的互动关系既培养了团队合作意识，又促进其对集体主义理念的深入理解，从而进一步增强其社会责任感。通过参与集体主义相关的公益活动，学生能够真正体会到集体主义精神的内涵，理解个人价值的实现离不开集体的支持与共同奋斗。

此外，社会化实践活动还能够帮助学生更好地融入集体并找准自身定位。通过实践活动，学生能够更清晰地认识到自己在集体中的角色和责任，进而学会在集体中协调合作、贡献力量。这种实践经验的积累能够帮助学生树立正确的集体观念，认识到只有团结协作、共同努力，才能实现集体的目标和理想。社会化实践活动的开展能够有效激发学生的积极性和主动性,提升其自我管理和集体协作能力,使其在日后的社会生活中更具有责任感和集体意识。

组织社会化实践活动是集体主义教育的重要方式之一,教师应充分利用社会资源,将集体主义教育的理论与实践相结合,为学生提供更广阔的发展空间。通过实践活动,学生能够更好地理解集体主义的核心价值,增强集体主义精神在日常生活中的应用能力,为个人成长和社会责任担当打下坚实基础。

(三)丰富集体主义教育的方法

1. 榜样示范法

榜样示范法是一种通过塑造和展示典型人物的事迹和精神,激励学生朝着积极方向发展的教育方法。在初中阶段,学生的模仿能力较强,他们常通过观察和模仿他人的行为来构建自己的价值观和行为模式。因此,通过树立榜样,能够在学生的思想和行为中产生深远的影响,引导他们形成积极向上的品德和行为习惯。在集体主义教育中,榜样示范法不仅能够帮助学生理解集体主义的核心价值,还能够通过榜样的影响力,推动学生在思想和行为上逐渐认同集体主义的理念。

榜样示范法通过具体的典型人物事例,能够引导学生树立正确的集体主义价值观。在这个阶段,学生容易受到外界影响,尤其榜样的力量对他们有着显著作用。教师通过展示那些在集体中发挥积极作用的社会模范,能够让学生直观地理解集体主义的内涵及其在实际生活中的应用。这种通过模仿典型行为来实现价值观内化的方式,有助于学生在潜移默化中形成集体主义的思想观念,从而积极参与集体活动,并意识到个人与集体的紧密联系。

榜样示范法的关键在于使学生产生内心的认同和追随意愿。教师通过组织集体主义相关活动,推选出能够代表集体精神的学生作为榜样,帮助其他学生明确在集体中应承担的责任和义务。通过观察榜样的行为,学生能够更清楚地认识到集体主义并非抽象的理念,而是可以在日常生活中践行的具体行为。尤其班级中的优秀学生作为集体主义行为的示范者,其所体现的责任感和合作精神将成为其他学生的学习榜样,从而促进集体主义行为的广泛传播。

榜样示范法不仅仅局限于教师对榜样的选择和讲解,更重要的是通过实践活动让学生参与其中。教师可以通过组织班委评选、社会服务等活动，赋予学生更多参与集体建设的机会，让他们在实践中感受榜样的力量，体会集体主义精神的真正意义。通过这种方式，学生能够通过自己的亲身经历，理解集体主义对个人和集体的双重价值，进而在日常生活中形成集体主义的行为模式和良好的集体意识。

2. 小组合作法

小组合作法作为一种通过团队协作激发学生主体能动性的教育方法，可促进集体智慧的充分发挥，并提高学生的合作能力、沟通技巧以及创新精神。在集体主义教育中，小组合作法不仅能够帮助学生在实际操作中理解集体主义的核心理念，而且能够增强学生对集体的归属感和责任感。通过这一教育方式，学生能够在参与集体活动过程中深刻认识到个体的发展与集体的成长息息相关，进而培养他们为集体贡献的积极性和主动性。

小组合作法的核心在于集体的协作与智慧的融合。在小组活动中，每一位学生都能充分发挥个人特长和优势，同时能通过与他人的交流与合作，实现知识和经验的共享与互补。通过这种合作模式，学生不仅能够感受到集体的力量，还能够学会如何在集体中协调角色，形成集体主义的核心意识。小组合作法通过集体行动推动个人发展，使学生能够更加深刻地理解集体主义的实践意义，强化集体主义情感的培养。

小组合作法有助于提升学生的责任感和组织能力。在合作过程中，教师可以根据组内成员的特点进行合理分组，确保组内成员在能力和兴趣上形成互补。通过这种分工合作，学生能够在明确任务分配的同时，学会如何协调合作、共同完成任务。在这一过程中，学生的自我管理能力、团队协作精神和集体主义意识都会得到有效提升。因此，教师在设计和组织小组合作活动时，应注重小组成员间的互相协作，并通过合理的任务分配和管理机制，确保每个学生在团队中都能得到平等的参与机会，从而实现集体主义教育的目标。

小组合作法的有效实施不仅仅依赖合理的任务安排，还需要教师在活动过程中发挥引导作用。教师需要密切关注学生的合作动态，及时指导学生调整合作策略，解决合作过程中出现的问题。当学生遇到合作障碍或产生分歧时，教师要以积极的姿态引导学生找到解决问题的方法，而不是单纯地干预或替代学生的决策。同时，教师还应鼓励学生发挥创造性思维，支持他们提出新的想法或解决方案，从而增强其在小组合作中的主动性和创新性。

3. 情境教育法

情境教育法通过为学生创设与实际生活密切相关的"真实"情境，将教学内容与学生的日常经验相结合，从而提高其学习的实用性和针对性。这种方法不仅深化了学生对知识的理解与应用，还通过将抽象的理论知识具体化、生活化，帮助学生更好地将所学知识转化为自身的直接经验。情境教育法强调通过真实情境的体验，引导学生主动探索、解决问题，进而实现知识的内化和能力的提升。

在传统的教学过程中，学生通常接触到的是基于教材提供的间接经验，虽然这些经验具有普遍性和系统性，但对于学生而言，往往缺乏直接的生活感知和情境实践。因此，情境教育法通过将理论知识内容与学生的实际生活和社会经验紧密联系，使学生能够在更具有情境感的环境中学习和实践。通过这种方式，学生不再仅仅是接受信息的被动者，而是变成了知识的主动构建者和实践者。在此过程中，教师的角色转变为引导者和督促者，帮助学生在特定情境中发现问题、分析问题并解决问题，从而促进学生综合素养和创新思维的发展。

情境教育法不仅关注知识的传授，还重视培养学生的解决问题能力。通过创设贴近实际的情境，教师可以引导学生在具体情境中运用已有知识，推动学生自主思考和团队合作。尤其在集体主义教育中，通过设计具有集体合作性质的情境，学生能够在共同面对问题时增强集体意识，体验合作的力量。教师通过精心设计和构建符合教育目标的情境，能够引发学生情感上的共鸣与认同，在实践中深化对集体主义理念的理解与实践。

此外，情境教育法的实施也依赖技术的支持，尤其是多媒体技术的应用。通过借助现代技术手段，教师能够将抽象的集体主义教育内容具象化，创造更加生动和互动性更强的学习环境。这不仅能够激发学生的学习兴趣，还能够提高他们的参与度和学习效果。教师可以通过多媒体展示社会中的典型情境，如集体活动、社会责任等内容，引导学生深入思考和分析，将集体主义教育融入学生的日常生活中，强化其实践价值。

情境教育法的核心在于情境的设计和实施，通过为学生提供一个真实的、互动性强的学习场景，促进学生从感知到认知的全面发展。在这一过程中，学生的集体主义意识和实践能力得到强化，同时，情境教育法也为学生提供了一个锻炼思维、培养能力的机会，使学生不仅能在解决问题过程中获得知识，还能在实践中形成正确的价值观和行为习惯。

4.情感教育法

情感教育法通过主动创设有利的学习环境，聚焦学生的情感需求，强调情感与认知之间的相互作用，旨在通过激发学生的情感体验，从而调动其学习积极性并促进全面发展。在集体主义教育的框架下，情感教育尤为重要，因为其能够激发学生的集体主义情感，促进学生从内心认同集体的价值观，并在行为上表现出对集体的忠诚与责任感。情感教育不仅是集体主义教育的辅助手段，更是其核心组成部分，通过细腻的情感关怀，使学生在潜移默化中形成集体主义的情感认同。

情感是作为集体主义行为的内在驱动力，只有通过激发学生的集体主义情感，才能促使其将情感转化为实际行动。例如，当学生在情感上产生对集体的认同感和归属感时，往往会更主动地融入集体，接受集体的规范与管理，积极参与集体活动，形成良好的集体行为习惯。情感教育的关键在于通过富有温度的教育实践，打破情感与理性之间的隔阂，实现情感认同和行为规范的和谐统一。

教师在实施情感教育时，需关注情感与理性的结合，即在激发学生情感的同时，通过理性分析与科学指导，帮助学生形成理性的集体主义认知。这一过程要求教师不仅要关注学生的情感需求，更要帮助学生在集体中树立正确的价值观和行为规范。教师可以通过创建情感共鸣的环境，如小组分享与集体体验等活动，激发学生的集体荣誉感和自豪感，使学生从情感上感受到集体活动的温暖与力量，从而增强其集体主义情感的深度与广度。

情感教育的有效实施不仅依赖教师的情感表达和引导，还需要教师具备敏锐的情感识别能力，以便在教学过程中及时发现学生的情感波动，并给予适当的情感支持与指导。教师应秉持情理相统一的原则，通过感性与理性的有机结合，使学生在情感的共鸣中主动承担起集体责任，实现个人成长与集体发展之间的平衡。

（四）完善集体主义教育的评价体系

1.完善集体主义教育的评价主体

集体主义教育的核心在于通过多元的教育力量，培养学生的集体主义意识和行为。集体主义教育的目标不仅限于课堂教学，其实现需要家庭、学校和社会各方的共同参与和通力协作。因此，集体主义教育的评价体系应当体现多元的特征，形成一个涵盖学生、家长、教师、社会角色及管理者在内的综合评价机制。

完善的多主体评价体系能够全面反映学生在集体主义教育过程中的表现与进展。通过多角度、多层次的评价，能够有效地汇集不同主体对学生教育的反馈信息，为评估学生的成长与发展提供更为客观、全面的依据。这一评价体系不仅能帮助教师从不同视角审视教育效果，还能为家长和社会提供准确的教育情况反馈，确保教育过程的透明性与互动性。

在多主体评价过程中，各方评价者的参与不仅有助于客观、公正地评估学生的集体主义行为，也能够发现教育过程中的潜在问题。教师、家长以及社会角色的反馈能够揭示学生在集体活动中的优点与不足，为教育者提供改进教育方法的依据。同时，评价体系的多样性和广泛性也能为学生提供准确的自我认知，使其能够清晰地认识到自身在集体主义教育中的不足之处，从而有针对性地进行改进，进一步提升其集体主义精神和实践能力。

在评价主体的选择上，学校应当注重各方评价者的多样性与专业性，通过合理设置评价机制，确保评价过程的科学性与公正性。在不同的教育环境和情境下，每个评价主体能够为学生提供不同的视角和反馈，这种多角度的评价能有效弥补单一评价主体的局限性。教师可以通过课堂表现、课外活动的参与等维度对学生进行评价，家长则可以观察学生在家庭生活中的集体主义意识和行为，社会角色与管理者能对学生在社会实践中的表现给予反馈。

建立一个完善的集体主义教育评价体系能够更全面、更客观地反映学生在集体主义教育中的发展成果，促进教育者根据多方反馈不断优化教育策略，从而更有效地推动学生集体主义精神的内化与行为的转化。

2. 完善集体主义教育的评价方式

集体主义教育作为一个持续演进的过程，其评价方式必须能够适应社会发展和学生个体成长的不同需求。随着时代的变迁与学生个体差异的增大，集体主义教育的目标和任务需要不断调整，因此，评价方式应具备灵活性和适应性。教师在设计评价机制时，应着眼于长期、全面的评估，确保评价能够贯穿学生的整个成长过程，真实反映其集体主义意识的形成与发展。

针对集体主义教育的这一特性，传统的定量评价方法往往难以全面把握学生的集体主义认知与实践行为。因此，需要建立以过程性、综合性和多元化为特征的新型评价体系。从课程评价机制的实施建议来看，采用描述性评语法、项目评价法、谈话法、定期访谈法、观察法等多种评价方式，能够有效弥补传统评价方法的不足。其中，描述性评语法能够通过对学生集体主义行为的详细描述，呈现学生在集体环境中的成长轨迹与行为变化；项目评价法通过对学生参与集体活动的项目化考核，全面评估其集体主义实践的深度与广度；谈话法和定期访谈法通过与学生的互动，捕捉其思想动态和情感变化，进一步了解学生对集体主义的认同与内化过程。

通过对学生日常行为的观察，可以帮助教师深入了解学生在集体中的行为模式和合作精神，从而为集体主义教育的效果提供真实反馈。而设置成长记录档案则为集体主义教育提供了一个长期的、系统化的记录平台，可以记录学生在不同阶段的表现、反思及进步，为日后的教育提供数据支持。这种多元化、全方位的评价方式突破了传统评价体系的局限，使教师能够从多角度、多维度的评价中，全面了解学生在集体主义教育中的认知和行为变化，并据此调整教育策略，提供个性化指导。此外，这些评价方式不仅可以帮助教师及时发现学生在集体主义教育中的优点与不足，还可以促进学生自我反思与成长，增强其参与集体活动的动力与积极性，从而更好地推动集体主义精神的内化与实践。

3. 完善集体主义教育的评价目标

集体主义教育的评价目标应当紧密契合初中道德与法治课程的教学特点与学生的成长需求，充分体现课程改革的核心理念。作为教学活动的重要环节，评价不仅是一种总结性的手段，更是促进学生思想品德和能力发展的关键过程。在设计集体主义教育的评价目标时，必须以学生的全面发展为核心，关注其思想、行为以及对集体主义认知的动态变化，确保评价目标能够真实反映学生的成长轨迹和内在进步。

集体主义教育的评价目标应着重关注学生集体主义情感的培养和行为的内化。集体主义作为一种社会行为规范，其核心在于情感与行动的统一。评价目标的设定应确保学生在参与集体活动的过程中，逐步形成对集体的归属感与责任感，增强集体主义意识的内在驱动。这一过程不仅仅是对学生现有集体主义认知的检验，更是对其在实际生活中实践这一理念的鼓励和引导。

评价目标应注重学生集体合作能力与团队精神的提升。集体主义教育的关键在于让学生认识到个体发展与集体利益的紧密关联。在这一目标导向下，教师应关注学生在集体活动中的合作态度、沟通能力、协调精神等方面的表现，使评价超越个体学习成果的局限，反映学生在集体中的角色认同与贡献。

通过这种全方位的评价，学生能够深刻意识到集体主义行为对社会发展的重要性，进而在日常生活中自觉践行集体主义原则。

评价目标的制定还应当关注教师自身的成长与发展。教学不仅是对学生的引导，也是对教师专业水平和思想素养的提升过程。通过集体主义教育评价，教师能够及时获得反馈，识别教学中的优势与不足，不断调整教学策略，提升教育效果。因此，评价目标的设立应当兼顾教师与学生的双重发展，形成良性循环，以确保教学目标的实现和教育质量的提升。

发展性评价的核心在于动态跟踪与持续改进。在集体主义教育的评价中，教师应设定能够追踪学生思想品德及行为发展全过程的目标，通过长期观察与引导，促进学生思想的逐步成熟与完善。这就需要教师在评价过程中运用科学的评价工具和方法，确保评价结果具有客观性和前瞻性，从而为学生的进一步发展提供有力支持。

第三章　核心素养视角下的初中道德与法治课大单元教学设计

随着教育改革的不断深入，核心素养已成为衡量学生全面发展的重要标准。在这一背景下，初中道德与法治课程的教学设计亟须创新，以更好地培养学生的综合素质。大单元教学设计作为一种有效的教学模式，通过将知识内容有机整合，帮助学生构建系统化的知识体系，提升其综合分析和解决问题的能力。本章将从核心素养的视角出发，深入探讨初中道德与法治课大单元教学设计的相关概念与理论，分析其必要性和可行性，并提出具体的对策建议，以期为教学实践提供理论指导和方法参考。

第一节　初中道德与法治课大单元教学设计的相关概念与理论

一、初中道德与法治课大单元教学设计的相关概念

（一）初中道德与法治学科的核心素养

在社会快速变革与文化多元化的时代背景下，初中道德与法治学科核心素养的提出成为教育改革的重要导向，其根本目标在于回归育人本质，通过学科教育推动学生核心能力的全面发展。核心素养的内涵既是对素质教育理念的进一步深化，也是对学科价值的系统提炼，集中体现了学生在知识、能力、品格与价值观等多方面的综合发展需求。

初中道德与法治学科的核心素养包括政治认同、道德修养、法治观念、健全人格和责任意识五个维度。这些维度在内容上相互渗透，在逻辑上相辅相成，构成了一个具有内在一致性的完整体系。其中，政治认同的培养注重引导学生对国家制度、社会规则与主流价值观的认知与情感认同，旨在强化其作为公民的身份认同与责任感；道德修养聚焦个体品德的形成与完善，通过引导学生树立正确的是非观与价值观，促进其人格的健康发展；法治观念强调对规则意识、法律意识和公平正义观念的形成，帮助学生在社会实践中自觉践行法治精神；健全人格的塑造注重学生在心理健康、情感调节与社会适应等方面的综合发展；而责任意识则强调个体在社会中的义务承担与对他人、集体的关怀意识。

为了有效落实学科核心素养，初中道德与法治课堂须以思想性、人文性、实践性、综合性为基本原则。在教学过程中，应运用多样化的教育方式，将理论学习与实践体验相结合，使学生在真实情境中加深对核心素养内涵的理解与体会。同时，课堂教学要坚持以学生为中心，通过问题导向、情境创设与互动式教学等方式，激发学生的自主学习能力与批判性思维能力。

核心素养的培养不仅关乎学生个人的全面发展，更对社会的长远进步与国家的未来建设具有深远意义。在初中阶段道德与法治学科教学中，核心素养的实施无疑为学生适应新时代社会需求、实现个人全面发展提供了重要的教育支持和价值引领。这一学科目标的实现将进一步推动教育公平，提升教育质量，为构建高质量教育体系奠定坚实基础。

（二）大单元教学

大单元作为学习单位的本质规定，意味着大单元教学的重心并非教授内容，而是组织和引导学习，这就决定了其教学设计必须以学习为中心。在学习中心视角下，大单元教学设计在任务设定、内容生成和时间安排方面分别遵循依学施教、因学而成和以学定时的理念。①

大单元教学的本质特征体现在两个方面：一是教学内容的整合性。教学内容不再局限于独立章节的孤立呈现，而是基于系统性和关联性，将具有内在联系的小单元加以整合，形成更大范围的教学主题。这种整合形式不仅提升了教学内容的深度与广度，还为学生构建完整的知识体系提供了支撑。二

---

①毛齐明.学习中心视角下的大单元教学设计[J].课程·教材·教法,2024,44(3):52-58.

是教学视野的延展性。在教学过程中，不再仅仅聚焦考点或知识点的传授，而是更加注重学生能力的培养与综合素质的发展。教学设计需要从核心素养的高度出发，兼顾学生的认知需求与成长规律，使教学过程既具有挑战性，又富有深远意义。

大单元教学以核心素养为导向，将"大概念"、"大问题"与学科教学目标深度结合，通过系统性的教学设计，促进学生知识迁移能力的提升。在这一框架中，单元的设计突破了传统课程单一的内容组织构成，成为培育核心素养的关键载体。通过对教学内容的重新构建和课时的合理分配，大单元教学强调知识之间的内在联系和脉络，引导学生从片面学习转向全面、综合的学习体验。其最终目标是帮助学生形成跨学科的思维能力与实际问题解决能力，从而实现教育的长远目标。

大单元教学要求教师在教学设计中始终秉持以学生为中心的理念，调整传统的教学方式，将教学重心从单纯的知识点讲解转移到对学生学习能力与思维品质的关注上。通过高频且有深度的课堂教学，大单元教学能够实现教学效率与教学质量的同步提升。同时，这种教学模式倡导多元化的学习方式，强调学习内容与学生实际生活的紧密联系，以全面贯彻教育的"生活化"理念，为学生的终身学习与发展奠定坚实基础。

（三）初中道德与法治课大单元教学设计

初中道德与法治课的大单元教学设计以课程内容的整体性和学生核心素养的培养为导向，是对传统课时教学设计的一次系统性优化与创新。相比基于教材的传统课时设计，大单元教学设计不仅更加注重知识间的内在联系与结构性，还更加强调学生学习的主动性与探究性。在这一教学设计中，教学内容不再被拆解为孤立的知识点，而是围绕学科的核心主题，将相关知识有机整合，形成一体化的教学单元。

大单元教学设计的核心在于通过创设真实的问题情境，引导学生在任务的驱动下逐步深入学习。在这一过程中，学生不仅能够通过自主探究和合作交流加深对知识的理解，还能够在解决复杂问题过程中发展批判性思维和实践能力。这种设计模式，既克服了传统课时设计中以教师为中心、弱化学生主体性的弊端，也推动了课堂教学从知识灌输向能力培养和素养提升的转变。

大单元教学设计尤为关注教学内容的延展性与学习任务的层次性。教师在设计教学课程时，需综合考虑学科课程标准和学生实际学情，从核心素养目标出发，科学筛选学习材料，并构建具有层次性和递进性的学习任务。通过引导学生在"探讨—表达—再探讨—再表达"的反复循环中完成学习目标，大单元教学设计能够有效提升学生的综合学习能力与道德判断水平。

初中道德与法治课大单元教学设计，即教师根据学情，按照学科课程标准以及核心素养的要求，围绕学科学习主题，科学地选择学习材料，创设大单元教学情境，并对学习任务进行结构化组织，使之成为一个有难易区分度、进阶性的大单元教学设计。这是一个重点考虑学生"如何学会""如何主动学会"的教学设计过程。①

二、初中道德与法治课大单元教学设计的理论

（一）建构主义学习理论

建构主义学习理论以独特的知识观、教学观和学习观为基础，主张在具体情境中实现知识的意义构建。该理论强调知识并非单一的客观存在，而是一种需要在特定情境中，结合个人经验加以解释和再创造的动态过程。在教学观中，建构主义将学生视为教学情境中的核心主体，教师则作为学习的引导者与促进者，通过创设真实、相关的教学情境，帮助学生实现知识的探索与构建。在学习观方面，建构主义凸显学生的主体性，通过合作学习、自主探究等形式，引导学生在交互中构建知识体系，从而在知识的掌握与意义的生成之间形成深度联系。

建构主义学习理论的核心在于颠覆传统教学模式，强调知识建构过程的主动性与个性化。学生不再是被动的知识接受者，而是通过探索、实践和意义构建，成为学习的主体。在教学实践中，建构主义鼓励以学生为中心的教学方法，注重培养学生的批判性思维、创新能力以及知识迁移能力，从而促进全面且深刻的学习体验。

建构主义学习理论与大单元教学存在高度的契合性。二者都强调以学生为本的教育理念，将激发学生的学习兴趣与自主性作为教学的重要目标。通过引导学生利用已有的知识经验并结合情境中的新信息，建构主义与大单元教学共同致力于实现知识点的系统化和有机整合。在这一过程中，知识的内部联系和逻辑关系得以强化，从而为学生搭建起完整的学科逻辑结构，为深

---

① 杨颖.初中道德与法治单元教学设计实践研究［J］.思想政治课研究，2020（4）：152-156.

度学习提供有力支持。

建构主义与大单元教学都高度重视知识迁移的作用，通过整合抽象、分散的知识，使之成为紧密联系的整体，学生能够在这一体系中进行自我构建与意义生成。这种教学设计强调长期的学习发展与逐步完善，摒弃短期功利化的教学目标，倡导循序渐进的教学过程，旨在实现学生核心素养的全面提升。

从建构主义的视角出发，大单元教学不仅是一种教学方法的创新，更是教学理念的一次深化与实践。这种教学设计以建构主义理论为依据，将学生的发展需求置于教学的核心位置，推动教师在教学过程中关注学生的长远发展与人格培养。二者的结合为教育改革提供了理论支持和实践方向，为实现教学质量的提升与学生全面发展的教育目标奠定了坚实基础。

（二）逆向设计教学理念

逆向设计教学理念秉持"以终为始"的核心理念，彻底颠覆了传统的正向教学设计模式，强调从教学目标出发，通过明确的教学结果规划和评估方法设计，将学生的学习活动聚焦预期的学习成果。这一理论主张教学目标既是教学的起点，也是教学的终点。教学设计的每一个环节都围绕着学习目标展开，注重目标的达成和学生能力的培养。通过逆向设计的框架，教学设计可以更系统、更有针对性地促进学生对知识的深入理解和实际应用能力的提升。

教学设计的第一阶段是明确学习的预期结果。在此阶段，设计者需要从课程标准出发，明确教学的核心内容和优先次序，结合学习目标构建教学内容的框架。教学目标不仅需要体现学生应知应会的知识内容，还需要关注其认知能力、实践能力以及学习过程中的思维发展情况。通过这种目标导向的设计，教学内容能够更有针对性地服务学生核心素养的提升。

教学设计的第二阶段强调评估设计的重要性。逆向设计与传统教学设计的显著区别在于其将评估置于教学设计的前端。通过提前设定清晰的评估标准和方法，教师能够在教学过程中动态监控和反馈学生的学习效果。评估不仅仅是教学结束时的总结性环节，更是贯穿教学全过程的重要组成部分。它能够确保教学活动的可视化和可测量性，使学生的学习进程和能力发展得到及时的检测与调整。

教学设计的第三阶段是教学活动的具体实施。在此阶段，教师要整合高质量的教学资源，结合教学目标，选择恰当的教学方法和活动形式，并设计出能够实现目标的教学任务。教学活动始终以学生为中心，注重理论与实践相结合，通过真实情境的创设，引导学生将理论知识转化为实践技能。这样的设计不仅有助于知识的掌握，更能够提升学生的学习体验和实际应用能力。

逆向设计的教学理念为大单元教学提供了有力的理论支持。其基于学习目标的分阶段设计方法，使大单元教学在教学目标的明确性、评估方法的有效性以及教学活动的实践性方面表现出显著优势。通过动手实践与情境体验结合，学生在知识获取的同时，能够进一步提升道德素养与综合能力。大单元教学借助逆向设计理论的指导，能够更好地实现以学生为本的教学理念。

第二节　初中道德与法治课大单元教学设计的必要性和可行性

一、初中道德与法治课大单元教学设计的必要性

（一）依托课程体系，深化学生核心素养的培养

核心素养的提出不仅为课程设计提供了明确方向，还为教学实践提供了科学指导。按课程要求，应以学科核心素养为中心，重构课程内容与教学方式，旨在推动学生实现全面且富有个性的发展。

课程从传统的以学科知识为中心转变为以学科核心素养为中心。这一转变要求教师在教学中，注重培养学生在真实情境中解决实际问题的能力，并将知识点转化为可迁移运用的能力结构。在教学实践中，教师通过整合课程内容和优化教学设计，能够帮助学生建立系统的知识网络，提升其认知逻辑与思维逻辑的统一性，进而促进学科核心素养的达成。

基于大单元教学的理念，教学设计需要实现从零散走向系统的转变，从知识的浅层记忆向深层理解转变，并强化与学生生活实践的紧密关联。大单元教学以任务驱动和情境设计为核心，通过设置真实情境，激发学生的学习动机，鼓励其在解决复杂问题过程中锻炼批判性思维和创新能力。在这一过程中，学生不再是知识的被动接受者，而是通过自主学习和合作探究成为知

识的主动建构者。

大单元教学的实施需要教师具备更高的专业素养与教学能力。在设计教学方案时，教师应依据核心素养的要求，以学科内容为基础，创造性地设计教学活动。通过多学科融合和综合性任务设计，教师能够帮助学生从多个角度认识问题，形成全面的知识体系和多维度的思维模式。这样不仅能够提升教学的针对性与实效性，还能够激发学生的学习兴趣与内在动力。

在培养学生核心素养的过程中，教学评价的转型与优化不容忽视。基于核心素养导向的评价应突出过程性与发展性，通过多元化的评价方式，全面展现学生在知识、能力、情感态度等多方面的成长。在评价过程中，教师需要注重学生的个体差异，因材施教，帮助每一位学生找到自身发展的最佳路径。

（二）把握新评价，助力课程目标的全面实现

随着教育评价体系的不断完善，新中考政策的实施推动了以课程标准为核心的命题改革，此次改革强调关键能力的培养和立德树人的教育本质。新中考以促进学生全面发展为目标，通过优化考试命题的方向和思路，为课程目标的实现提供了重要的评价保障。其核心在于实现学科价值与学生发展的深度融合，为素质教育的稳步推进注入了新的动力。

新评价体系的提出促使考试从传统的知识识记模式向综合能力考查模式转型。中考命题注重以学科核心素养为导向，通过淡化知识的机械记忆，提升对知识迁移与运用能力的考核标准。在命题内容上，突出对学生逻辑思维、问题解决和价值判断能力的考查，这种考查方式更加贴近实际生活，使学生能够在真实情境中运用学科知识，从而提升其认知水平和实践能力。同时，评价还强调反映社会和时代特征，通过引入具有代表性和现实意义的素材，帮助学生理解和运用知识的社会价值。

在新评价的实践过程中，情境化命题成为一大亮点。以生活为基础，结合时代热点和学生实际情况，构建生动的教学情景，使学生在真实或模拟的环境中，通过价值判断与选择展示其学科素养。这种情景设定不仅促进了知识与现实的紧密结合，也增强了教学的趣味性与针对性，进一步提升了学生的学习兴趣和积极性。通过这样的设计，评价能够更加有效地引导学生关注社会实际，树立正确的价值观念和人生目标。

新评价体系要求教育工作者在教学设计中注重评价与教学的深度融合。教师应根据课程目标和学科核心素养的要求，将评价贯穿教学全过程。以过

程性评价和多元化评价为抓手，通过丰富的课堂活动和实践任务，实时记录学生的学习表现，全面了解其成长轨迹。这样的评价方式不仅能够及时发现学生的学习需求，还能够为其个性化发展提供精准的针对性指导。

在实施新评价的过程中，教师的专业能力与教育理念发挥着关键作用。教师须以"立德树人"为根本任务，积极探索以学生为中心的教学模式，通过优化教学设计和改进教学方法，推动学生实现知识、能力和品格的协调发展。在教学实践中，教师还需要加强自身的师德修养，以德施教，引领学生树立正确的价值观和社会责任感。

此外，将新评价理念落实到道德与法治课程中，更能凸显学科的思想性和实践性。在培养学生政治素质、道德修养和法治意识的过程中，评价强调以学生的实际生活为切入点，使其更好地理解课程目标的内涵与意义。

（三）落实新课改，促进教与学方式的转变

随着义务教育课程方案的逐步实施及"双减"政策的推进，教育改革的方向愈加清晰，即以核心素养的全面培养为根本目标。核心素养的达成需要通过多样化的路径予以落实，其中，大单元设计、真实情境下的深度学习，以及基于问题解决的进阶评价已成为教学研究领域的重要课题。随着课堂教学形态不断演变，深度学习的理念得以广泛应用。深度学习不仅是判断学生掌握知识的重要标准，更是推动学生将所学知识迁移应用的关键途径。

在大单元教学设计中，教师应突出学生的主体地位，统整教材内容并进行整体规划。传统教学模式中知识碎片化的问题需要通过系统化的教学设计加以改善，而深度学习的核心在于对教学内容的深度加工与全面融入。这种设计理念不仅注重知识的理解和记忆，更强调学生对学科核心知识的深刻感知及其在现实中的运用价值。

大单元教学的实施重点在于构建师生双主体模式，要始终以学生为中心，充分尊重其认知规律与个性化学习需求，激发其内在学习动机。通过将真实生活情境引入课堂，教学方式由单向的知识灌输转变为师生互动、合作探究的常态化教学模式。在这样的教学环境中，学生能够在沉浸式学习过程中理解世界、解决问题并实现知识的灵活迁移。

大单元教学设计为核心素养的培养提供了科学路径。教师需要制定高于学科课程标准的教学目标，以学科本质及独特的思维方法为导向，设计具有引领性与挑战性的学习任务。通过这一过程，学生不仅能够掌握基础知识，

还能够在多维度的学习实践中完善必备品格、形成正确的价值观和学会解决复杂问题的关键能力。

在教学内容方面，大单元设计强调深加工与系统化。教师需要基于学科知识体系，选择核心内容作为教学主轴，通过资源整合与深度挖掘，引导学生在知识建构中深刻理解学科核心知识的内涵与作用。在教学过程中，教师通过设计引领性主题和挑战性活动，将学生引入更高层次的学科探究领域，帮助其全面认识学科功能及其现实意义。

大单元教学设计以解决问题为导向，注重设计切实可行的学习任务，让学生积极参与合作探究与交流讨论。在这一过程中，学生的学习行为由浅层记忆转向深度思考，实现知识的内化与外化。在教师的引导下，学生与同伴在互动中交流思路、解决问题，从而让教学方式发生根本性转变，促使课堂真正成为深度学习的主阵地。

（四）统整新教材，促进学生创新思维能力的提升

在推进教育创新与可持续发展的过程中，创新思维的培养被视为提升学生综合素质与创造能力的核心环节。创新素养作为教育核心素养的重要组成部分，不仅是各国教育改革的共同目标，也是现代教育体系得以优化与完善的关键要素。我国高度重视创新素养的培育，将其作为实现人才培养目标的重要战略方向。在此背景下，统整新教材，构建贯通学科课程的系统化教学体系，为培养学生创造性思维提供了有效路径。

创新素养的培育需要在课程设计中实现顶层规划。各学校应构建以创新素养为导向的课程体系，并结合自身实际情况，形成具有校本特色的教育模式。在这一过程中，需打破单一学科的限制，将不同领域的知识有机整合，开发覆盖全体学生的多领域、分层次校本课程。同时，课程体系的设计应关注学生成长的连续性与阶段性，依据不同学段学生的认知特点与教育需求，设定符合各年龄层创新素养培养的具体目标，从而实现创新能力的逐步进阶。

道德与法治课程作为基础教育的重要组成部分，其创新素养的生成在于实现学科内容与生活的有机衔接。教师应将教材内容与实际生活情境紧密结合，通过主题式教学设计，引导学生将学科知识应用于真实世界的探索与解决问题中。在这一过程中，课程不应局限于书本知识，而是应通过综合活动、跨学科探究等方式，帮助学生将课堂学习与现实世界建立深刻联系，从而激发其创造潜能。

在当前基础教育阶段，传统应试导向的课程设置常常忽略了学科素养与生活实际的融合，导致学生在学习过程中难以获得真实情境的体验与认知。为解决这一问题，教师需要在教学实践中充分发挥引导作用，为学生搭建学习支架，帮助其将教材中的学科知识同现有的知识储备、生活经验以及社会实践联系起来。通过这种方式，学生能够在知识迁移的过程中提升创造性思维能力，并在探索真实问题的过程中形成对学科核心知识的深刻理解。

统整新教材的意义不仅在于优化课程内容，更在于从整体层面推进创新素养的全面教育。通过持续改进课程设计与教学实践，为学生创造更加丰富的学习体验与创新空间，从而在教育的各个层面促进创造性思维的发展。

二、初中道德与法治课大单元教学设计的可行性

（一）教材建构的内在逻辑

教材建构的内在逻辑，尤其在道德与法治教育领域的设计，体现了知识结构与学生身心发展特点的深度融合。新教材以初中生的实际生活经验与认知水平为依托，围绕道德教育与法律知识的传播有序展开，强化了学生对社会规则与道德规范的理解与实践运用能力。在教材结构上，其逻辑性表现为从个人到社会、从具体到抽象的逐步推进。这种内在逻辑不仅关注知识点的衔接，更重视学生个人发展与社会责任感的共同培养。

从整体布局来看，新教材将学生的学习内容与其身心发展的各个阶段相适应，体现了教育内容的渐进性和层次性。通过清晰的章节安排，使学生能够在不同的年级阶段，逐步拓展对道德与法治的理解，从初入学的自我认知与人际交往到进一步了解社会、法律，再到熟悉国家的文化与法律体系，最终具备全球视野与跨文化理解能力。这种结构上的衔接和层次感表明教材在设计过程中已充分考虑到学生的认知特点与心理发展，成功将教育内容与学生的实际生活经验相结合，增强了其参与感与实践性。

新教材的建构过程中注重"以人为本"的教育理念，突出学生身心发展与智力成长的同步性，尤其强调道德与法治教育的渗透性。这种设计思路深深植根于中国传统文化中"修身齐家平天下"的思想精髓，力图通过知识的传授与道德的熏陶，引导学生在更大的社会框架内实现个人价值。这种教材结构不仅考虑了学生的个体需求，也将他们的学习与中国特色社会主义的发展实践紧密联系，进而强化学生的民族认同感与社会责任感。

丰富的课堂活动，为学生提供了多样化的学习体验。这些活动紧密结合学生的生活经验，并通过情境模拟、合作探讨等形式，帮助学生更好地理解并实践所学的道德与法治知识。此类活动设计不仅增强了学习过程中的互动性和参与感，也为学生道德情感的培养和认知能力的提升提供了有力支持。因此，在大单元教学设计中，教材的逻辑结构能够有效指导教师根据学生的具体需求开展教学活动，确保知识内容和学生的实践需求相匹配。

教材建构的内在逻辑不仅保证了知识的系统性与连贯性，更在教学实施过程中为学生提供了与其生活经验和认知发展相适应的学习路径。这种设计能够有效促进学生道德与法治核心素养的提升，进一步优化和完善教学模式，最终达到预期的教育效果。

（二）学生认知特点与大单元教学的契合

初中阶段的学生在认知发展上具有明显特点，这一阶段学生的思维能力渐趋成熟，已具备较强的抽象思维能力和解决问题能力，能够从多个维度理解问题并进行独立思考。这使得他们在教学活动中，能够展示出较高的自主性与参与感。正因如此，初中学生在面对大单元教学模式时，能够顺利适应并从中获得积极的学习体验。大单元教学通过整合大概念和核心任务，引导学生进行综合性学习，促进其全面理解和深刻思考，符合初中生认知发展需求。在大单元的学习过程中，学生的知识体系得到系统整合，跨学科的知识联系也在不断强化，有助于学生形成更加清晰的知识框架和学习策略。

大单元教学模式不仅注重学生知识的积累，还强调学习过程中的目标设定与自我监控。这一过程使学生能够在持续的学习过程中，不断反思并调整自己的学习策略，进而达到自我引导的学习状态。通过设置与实际生活和社会相关的大任务，学生不仅能够在学习中发现知识的实际应用价值，还能够提高解决问题的能力和创造性思维。同时，学生在任务完成过程中能够感知到目标的实现与个人努力之间的关联，逐步建立起自我效能感和内在的学习动力。

大单元教学模式突出了学生的核心素养培养。在这一模式下，学生不仅能够在学科知识的学习中取得成效，还能够在思想观念、道德修养、法治意识等方面实现深刻转变。通过大单元教学，学生的关键能力得到系统培养，逐渐形成正确的价值观和责任意识，这些都与初中阶段学生的认知特点和社会认知需求高度契合。此外，初中生的合作能力和团队意识亦在大单元教学的过程中得到了锻炼和提升。在集体讨论和任务协作中，学生学会了如何与他人共享信息、交流思想，提升了社交能力与合作精神，这对于他们的全面发展至关重要。

大单元教学模式的实施，高度契合初中生的认知特点和发展需求，通过结构化的学习任务和综合性的教学内容，有效促进了学生的深度学习和核心素养的发展。这种教学方式不仅有助于学生构建知识体系，更在促进其思维能力、合作能力及社会责任感的培养方面发挥了重要作用。

（三）教师实践基础与教学设计的可行性

教师作为教学主体，肩负着实施国家教育政策和贯彻教学改革的重要责任。教师的教育理想和教学理念直接影响课堂的实际效果，尤其在道德与法治课程这一塑造学生核心价值观的教学领域。要落实新时代教育理念和要求，教师不仅需要具备扎实的学科知识与出色的教学能力，还需要具备创新精神和实践能力，以便在教学设计中将理论与实践有效结合。大单元教学设计正是响应这一需求的有效举措，它不仅符合国家教育政策的导向，也反映了时代对教师教学能力的更高期望。

在大单元教学的实践过程中，教师根据具体的课程标准和学生的认知特点进行设计，逐渐构建起较为系统的教学方案。在这一过程中，教师的经验积累和实践探索为大单元教学设计奠定了宝贵的实践基础。通过对教学环节的深入研究，教师从最初的简单分析逐渐过渡到层次化、系统化的教学设计，探索如何在教学过程中有效整合教材内容与教学策略，实现知识的内在联系，促进学生能力的全面培养。教师们在实践中逐步形成了对大单元教学设计的共识，并通过不断反思和调整，形成了可以在不同课堂环境中灵活应用的教学模式。

大单元教学的实施不仅仅是教材内容的教学，还涉及对知识结构的深度理解与重构，强调从整体上把控教学目标的达成。在设计时，教师将课程内容与教学目标、学科特点、学生实际需求等因素相结合，逐步探索出一条适配本校教学条件和学生特点的教学路径。教师的实践经验，促使这一教学设计模式在教学实施过程中得以有效落实并不断优化，推动了教学内容全面性、系统性和灵活性的提升。

第三节　初中道德与法治课大单元教学设计的主要对策分析

一、贯彻核心素养，优化大单元教学内容

（一）整合教材单元知识，以大概念把握教学内容

在教学设计中，整合教材单元知识、把握教学内容的核心在于对大概念的精准提炼和应用。大概念并非以数量或广度为衡量标准，而是聚焦学科领域中最为核心、关键和精华的内容。它代表着教材知识的上位框架，是教学设计中不可或缺的理论支撑，帮助教师厘清各个知识点之间的内在联系，避免知识碎片化，同时确保教学过程具备连贯性和深度。大概念的应用不仅加强了学科思想的传递，更促使学生在整体理解中实现知识的系统性掌握。

在大单元教学设计中，教师需要根据课程标准、教学计划和教材内容的安排，对教材的整体框架进行系统性把握。通过全面分析教材内容和教学要求，教师能够明确每个单元和模块的功能及其相互联系，从而提炼出符合学科核心素养目标的大概念。这一过程要求教师不能仅聚焦单一知识点的讲解，而是要将各个知识点纳入更大的知识体系中，以大概念为连接纽带，确保各个部分的有机结合，避免零散和脱节的教学效果。

大概念的确立通过对教材内容的深入分析和结构化思考得以完成。在这一过程中，教师需要厘清教材中的知识点、模块和单元之间的逻辑关系，识别出核心知识并探讨其在教材中的地位与作用。通过对这些核心知识的精准表述，教师能够让每一个知识点在大单元教学设计中找到应有的位置，从而使教学内容更加系统和完整。这样一来，教学不仅有助于学生在单一知识点上取得良好成绩，还能提升其综合运用所学知识解决实际问题的能力。

大概念的设计通常会从学生的实际需求出发，使教学更加贴近学生的认知发展水平和生活经验，从而帮助学生更好地理解和掌握教材内容。在大概念引领下的教学设计，教师能够引导学生展开更深入地思考，使学生在探索和掌握知识的过程中，逐渐构建起系统的学科框架和理论体系。这种教学方

法有助于促进学生对知识的深度理解和灵活运用，从而提升其学科核心素养。

（二）创设真实情境，整合大单元教学内容

在当前的教育实践中，创设真实情境并整合大单元教学内容，已然成为提高教学效果的重要策略。自《义务教育道德与法治课程标准（2022年版）》发布以来，课程标准不仅为教学提供了理论框架，也为教师设计和实施大单元教学提供了具体指导。课程标准强调核心素养的培养，特别是在道德与法治教育中，提出了更加明确的课程功能和创新性的课程目标。这一修订版标准的核心在于通过实际案例和生动的教学内容，增强教材的趣味性和教学的实用性，使学生能够更好地理解和运用所学知识，从而实现知识的深层次掌握。

在开展大单元教学设计时，教师需要从课程标准中提炼出符合学科核心素养的内容，并有效整合教材中的各类资源。通过适当的案例分析和情境创设，教师能够激发学生的学习兴趣和自主探索的动力。创设真实情境不仅能够增强学生对知识的兴趣，还能够帮助学生将知识与实际生活紧密相连。情境的建立使学生能够在真实的学习活动中主动发现问题、解决问题，而不是单纯被动接受教师传授的知识。这种学习方式有助于学生在实践中构建知识体系，提升其解决实际问题的能力和社会责任感。

根据建构主义理论，学习应以学习者的生活经验为基础，在与环境的互动中不断深化对知识的理解。在这一框架下，教学情境的创设意义重大，因为情境为学生提供了一个认知知识的基础，并在此基础上推动学生的学习过程。在大单元教学中，通过将历史、社会等真实事件融入教学内容，教师能够让学生更加深入地理解和感受相关知识。例如，通过引导学生探讨历史事件背后的文化与价值观，教师能够帮助学生更好地认识社会发展与个人责任之间的关系，同时提升他们的社会认知和历史意识。

创设真实情境不仅为学生打造了一个与知识互动的平台，而且通过情境的引导，使学生的学习更加贴近实际生活，增强了学习的现实意义和实践价值。在这一过程中，学生收获的不仅仅是知识层面的成长，更是在思维、情感和实践能力等多个方面实现全面发展。

（三）多维整合，适当增补内容

在现代教育实践中，针对教学大单元的完善，教师需要进行多维整合和

适当增补内容。这一过程不仅涉及对现有教材内容的优化，还要求教师根据教学目标和学生的实际需求对内容进行灵活调整。在具体实施过程中，教师应综合考虑学生的学习基础、认知发展以及课程的整体结构，以确保教学内容具备合理性和科学性。为了提升教学效果，教师不仅要甄识和删减冗余部分，还应针对知识点层次化、多元化的特点，适当增补利于深化理解的内容。

在大单元教学的设计中，内容的增减调整应以学生为中心，依据学生的认知发展水平、兴趣点以及知识掌握情况进行适度调整。增补内容的关键在于补充学生对某些概念或知识点的理解，弥补知识体系中的空白或不足，从而帮助学生构建更加全面和深入的知识结构。相应地，删减冗余内容可以避免知识的重复性学习，提高课堂的教学效率，防止学生因过多的无关知识而承受过重的认知负担。

当教师对教学内容进行增补时，需要在整体教学目标的框架下，审慎做出决策。例如，在进行法治教育时，若原有的教学内容未能充分展示法治建设的深远背景或对相关政策缺乏全面阐释，教师可以增设相关内容，帮助学生形成更加完整的法治观念。同时，教师在增补内容时应注意与现有知识点的内在联系，确保新内容能够有效地与原有知识衔接，避免内容的割裂和脱节。增补内容的设计也应避免单纯的知识堆砌，而是应当注重提高学生的综合素养，增强学生在实际生活中应用知识的能力。

教师应特别关注内容的核心价值和教学目标的契合度。虽然某些冗余内容在传统教学中具有一定的历史缘由，但可能并不适应当下学生的学习需求或学科发展的趋势。因此，教师应根据课程标准和教学大纲的要求，去伪存真，简化复杂的内容，确保教学的每一个环节都能服务知识的深度传递和学生能力的培养。这种多维整合与适当增补的教学策略能够帮助教师灵活应对不同教学情境，提升课堂的针对性和实效性。通过精细化的内容调整，教师能够更加精准地把握课程的核心，确保教学内容的适宜性和前瞻性，进而促进学生全面素质的提升。

二、聚焦核心素养，设计大单元教学任务

（一）立足教学主题，构建大情境

在教学实践中，大情境的创设是实施大单元教学的关键环节，其核心在于以整体性的视角统筹单元内的多个课时，建立知识点之间的内在联系，并

引导学生深入探索知识的意义。通过大情境的引领，学生能够更自然地融入教学设计的逻辑体系，从而实现知识的内化和迁移。

大情境的构建要求教师对大单元的内容进行全面分析与整体考察，明确各课时之间的内在联系和逻辑脉络。在此基础上，需要深入剖析核心概念及其多维关联，确保大情境能够承载教学目标，并成为学生认知活动的重要支撑。同时，教师应将核心观念提炼为统摄性强、转移性高的思想主线，使学生在学习过程中不断深化对知识的理解，并且能够将其运用于不同情境中。

大情境的创设应注重与学生实际情况的契合度。通过结合学生的认知水平、情感体验和生活经验，教师可以设计出更具吸引力的学习情境，从而激发学生的学习兴趣与主动性。有效的大情境不仅仅是知识内容的呈现载体，更是学生展开深层次思维活动的重要平台。在这一平台上，学生能够进行系统性的思维实践，形成对知识的整体性理解，并进一步培养探究与解决实际问题的能力。

大情境的设计还应关注教学内容的整体连贯性。教师需要通过大情境将单元内各课时的内容有机地串联起来，使之形成一个结构完整、层次分明的知识网络。这样的设计有助于学生逐步构建起系统化的知识体系，使学习活动更具逻辑性和意义。

教师立足教学主题构建大情境，能够有效促进学生的知识迁移和能力提升，进一步深化教学活动的价值与意义，这不仅是对教学内容的整合与升华，也是对学生综合素养培养的重要体现。

（二）创设教学情境，提出"大问题"

教学情境的创设是借助问题引导学生实现情境与情感的有机结合，其本质在于提供有效的认知背景，促使学生进行意义建构。无论情境的设置是虚拟还是现实，其核心目标都是让学生在特定场景中产生情感共鸣，从而激发学习兴趣，提升学习动机。情境的作用不仅在于知识的呈现，更在于推动学生的深层次思维发展。

在教学设计中，情境的构建需要融入问题意识，将问题作为情境的核心元素，使学生在问题驱动的情境中探索与建构知识。教师在备课过程中，通过将知识嵌入具体情境，使抽象的概念转化为学生能够感知和理解的具体问题。学生在情境中遇到的问题能够引导他们主动探索，逐步学会相关知识。这种情境不仅是表层的形式，更是知识转化为学生思维动力的媒介，重点强调学生在情境中发现问题、解决问题的过程。

"大问题"是指可以在教育过程中实现有效的转移，可以激发和启发学生的理解力，在不违背学生客观认识的前提下，获得对知识更深刻的认识。[①]"大问题"的"大"并非抽象意义上的大，而是以学科知识为依据，以实现核心素养为核心。"大问题"以开放性为特点，其本质并不局限于某一具体知识点的解答，而是通过构建宏观概念，引导学生进行系统性思考。开放性体现在问题设计的灵活性和深度上，避免了标准化回答的局限，激发学生的独立思考能力。整合性则是通过学科知识的有机结合，促进学生对核心素养的深刻理解，使学习超越主题、时间或文化的界限，形成全局性认知。

在"大问题"的运用中，还需注重其反思性和迭代性。在学习过程中，学生凭借知识积累与能力提升，可以对"大问题"进行深入反思，从而完善其理解与应用。这种动态的认知过程要求教师在设计情境与问题时，结合学生的认知特点与学习潜力，使情境既具有挑战性，又能够引导学生逐步深入。

"大问题"的设计方法需要结合学科特性和专业理念，通过真实描绘情境，将复杂问题抽象为能够激发学生兴趣的核心情境。在此过程中，运用大概念作为指导工具可以将"大问题"分解为一系列具有逻辑关联的小问题，构建问题链，实现知识的层层推进。情境的设定必须与学生已有的知识和认知习惯紧密相连，通过贴近学生的生活经验和表达方式，使其能够更加自然地融入情境，理解问题。

（三）整合教学问题，设置"大任务"

在大单元教学中，整合教学问题并设置大任务是实现教学目标与学生综合能力培养的重要环节。大任务的设计，以具有总结性与引领性的问题为基础，通过多角度、全方位地引导，帮助学生构建对相关知识的全面认知。与传统的单向知识传授模式不同，大任务强调学生的主体地位，注重自主学习能力的培养，通过合作与探究等创新学习形式，促进学生在实际情境中完成复杂的学习任务。

大任务的设置旨在突破传统应试教育对课本知识与分数的过度依赖，注重知识的实际应用与学生能力的全面发展。其核心在于充分激发学生的主观能动性，引导学生从被动接受的学习方式转变为主动探索的学习状态。在任

---

① 朱明光.关于活动型思想政治课程的思考[J].思想政治课教学，2016,4(4):4-7.

务实施过程中，鼓励学生在具体情境中将理论知识与实际生活相结合，通过讨论与分享的方式加深对知识的理解和运用。

大任务通过整合多学科知识，构建系统化的学习情境，强化了学习的延伸性与拓展性。这种设计有助于学生将零散的知识点有机联系起来，在满足学科核心素养要求的同时，进一步深化了学习与实际生活之间的关联性。通过将大任务与学生的生活经验和社会实践相结合，学生能够更好地理解知识的意义，并将其转化为解决实际问题的能力。

大任务的实施还注重培养学生的协作意识与探究能力。通过小组合作等形式，学生在团队中相互交流思路、分享见解，从而增强对问题的多角度认知。同时，探究式学习让学生能够自主发现问题、分析问题，并在解决问题过程中发展批判性思维与创新能力。这种基于大任务的教学模式不仅有效提升了学生的学科素养，还为其综合素质的发展提供了重要支持。

三、深挖核心素养，撰写大单元教学目标

在大单元教学设计中，教学目标具有重要的指导作用，是贯穿整个教学过程的核心要素。大单元教学目标不仅仅是一个导向工具，还承担着检验教学成果的定位职能，在整个教学设计中，一个科学合理的教学目标如同指南针和定盘星，其独特性和必要性不可忽视。

在大单元教学设计中，合理制定教学目标能够发挥多重导向作用，同时也为教学成果的评价提供了客观依据。教学目标的确定需要以学生的基本情况为基础，充分了解学生当前的发展水平和实际需求。通过分析学生与预设教学目标之间的差距，可以使目标描述更具体化，并通过量化分析使教学目标可操作性更强。

教学目标的设计应从课程标准出发，结合逆向设计理论的框架，明确课程的核心内容。教师应基于课程标准确定教学设计目标，明确单元所属的学习任务群，进而引导学生围绕核心素养进行学习。为了确保教学目标的精准性，须对教材内容进行深入分析，挖掘其内在逻辑关系，明确各单元的内部联系和核心主题，从而实现对教学内容的系统整合与主题提炼。

教学目标的设定应紧密结合单元主题，通过整合教学内容的核心主线，明确各个学习阶段的目标方向。在实际教学中，学生可能对某些内容理解得不够深入，或仅停留在浅层学习阶段。对此，教师需在课堂中发挥积极作用，通过梳理学生的疑惑，帮助其明确学习方向。在教学的各个环节中，教师可

以通过对课堂内容的总结归纳，使学生更好地理解并掌握教学目标的内涵。

（一）以核心素养的培养为主线，指引教学目标的制定

在当前教育改革的背景下，核心素养的培养是落实立德树人根本任务的重要路径之一。在围绕核心素养为主线的教学设计中，应综合考虑学生的个体发展需求，兼顾学生间的差异性，基于学生的成长需求，构建系统性的教学目标。教师应注重培养学生的自主意识，增强其探究与创新能力，同时培养其团队合作意识与社会责任感，涵养学生的家国情怀。

在教学实践中，将社会热点与教学内容相结合能够有效实现教学内容的情感渗透，拉近教材与学生生活的距离，从而增强教学的现实感与吸引力。此外，教学设计需要呈现出板块化结构，以模块教学为依托，合理融入现代技术，确保教学活动的趣味性与生动性，同时保留教学内容的本质特性和教育目标的逻辑连贯性。

以"成长"为核心内容的课程规划为例，可以通过分单元设计实现学生不同层次核心素养的提升。第一单元内容旨在帮助学生适应学习与生活的变化，以积极的心态应对环境的转变，建立健康的心理基础；第二单元的设计重点在于促进学生道德水平的提升，通过学习交往技巧，增强学生的人际沟通能力，并引导其在团队中发挥正向作用；第三单元承接前一阶段的内容，进一步帮助学生应对复杂的人际关系，培养适应多元环境的能力，提升问题解决与合作能力；第四单元则以总结为导向，深化学生对成长主题的认识，培养其全面而健康的发展视角。

在整个教学目标的制定中，须立足于核心素养的全面培养，通过层次递进的教学环节设计，实现从基础素养到综合能力的循序渐进培养。教学目标的设定不应仅限于单一技能或知识点的掌握，还应注重学生在认知、情感、行为等多维度的全面发展，从而为学生适应未来社会的需求奠定坚实基础。

（二）分层式递进的大单元教学目标

分层式递进的大单元教学目标是以整体性和系统性为核心的教学设计模式，其目标的设定与实施强调从整体到局部的递进关系，以实现教学目标的层次化与有序性。大单元教学目标的构建具有两层核心结构，即大目标和课时教学目标。这种目标设定以系统化、结构化为基本特性，体现了整体与局部之间的动态联系。其中，大单元教学目标的设定需要从整体出发，以长远

发展为导向，在明确核心目标的基础上进行层层分解；各课时教学目标是大目标的延展与具体化，其基准和方向须与大目标保持一致，确保教学活动的连续性与统一性。大目标的实现高度依赖小目标的逐步落实，只有在每一课时中完成具体的教学任务，才能最终达成整体目标。这种逐级递进的目标设定不仅有助于教学内容的有序展开，也能有效引导学生在认知与能力上逐步提升。

合理设定大单元教学目标需要遵循一系列原则，其中整体性原则尤为重要。目标的设定应注重教学内容的系统整合，将知识点、技能点与核心素养有机结合。教师要从学情出发，充分考虑学生的认知特点、学习兴趣与发展需求，设计出具有针对性和适应性的目标体系。此外，还应体现目标的多样性与发展性，使教学活动能够兼顾学生的个体差异与群体共性，形成以学生发展为中心的教学结构。

为实现大单元教学目标的分层递进，可以从多维度切入。教学目标的设计以学生的已有知识经验为起点，通过设置富有挑战性的任务，逐步提升其认知水平。在教学过程中，可以适当引入陌生的知识点或问题情境，激发学生的学习兴趣与探究精神，同时培养其知识迁移应用能力。与此同时，教师还应注重目标设定与学生思维发展的匹配，通过科学设计的教学活动，引导学生从低阶思维逐步向高阶思维转变，使其具备多元化的思维能力。

根据思维的发展水平为出发点，将学生的思维进行转变，使其思维最终呈现出高阶多元化态势。同时，还可以将表述作为逻辑主线，搭配上简单阐释等多方面内容，对教学目标进行论证和解释，使目标的实现更具环环相扣、层层递进的特性。①

四、提升教师专业素养，创新教学理念

（一）更新教师的教育观念

随着社会的不断发展，传统的教学理念和教育方式已难以满足信息化社会对人才培养的多样化需求。因此，教师需要主动转变教育观念，以适应新时代对教育提出的更高要求。

教师需要从单一的知识传授者角色中解放出来，重新明确自身在教学中

---

① 程勇.学科大概念：单元教学推进的有效突破口 [J].思想政治课教学，2020(10)：27-30.

的定位。信息技术的快速发展极大地拓宽了学生获取知识的途径，致使传统以知识灌输为核心的教育模式逐渐失去优势。在此背景下，教师应将关注重点从单纯的知识传授转向培养学生的学科核心素养和全面发展的能力。通过强化学生的自主学习意识、批判性思维和实践能力，教师可以更有效地促进学生的全面发展和长远成长。

新时代的教育强调以学生为中心，将学生的发展作为教育实践的起点和终点。这要求教师在教育理念上深刻理解新课程改革所倡导的"为了学生的全面发展"这一核心思想，将教育的重点从"唯分数论"转变为对学生身心发展、道德素养和人格健全的综合培养。在教学实践中，教师需要以深厚的教育关怀为基础，从学生的实际需求和发展潜力出发，借助多样化的教学手段实现教学目标的个性化与多样化。

更新教育观念还需要教师积极探索符合时代特征的教学模式。大单元教学作为一种创新的教学方式，强调教学内容的整合与系统化设计，注重知识与能力的同步培养。这一模式不仅能够帮助教师从整体上把控教学目标，还能够为学生提供更加系统化的学习体验。因此，将大单元教学理念融入教学实践，能够有效助力教师在教育观念上的更新，进而提升教学效果和学生的学习体验。

教师的教育观念更新不仅体现在对新理念的认同上，更体现在教学行为的改进中。教师需要通过不断学习和反思，将新时代的教育思想内化为自身的教育信仰，并以实际行动推动教学模式和教育理念的变革。在教学中融入更多元化、创新性的教学策略，教师可以更好地适应现代教育环境的变化，为学生营造充满活力与创造力的学习氛围。更新教师的教育观念是顺应新时代教育发展要求的必然选择。这一过程不仅需要教师在思想层面革新，更需要在实践层面付诸行动，以实现教学理念与教育实践的深度融合，助力学生的全面成长。

（二）以老带新、以新促老，共同创新教学模式

在推动大单元教学模式创新的过程中，以老带新、以新促老的协作机制成为实现理论与实践深度融合的重要途径。新教师在教学视野和技术应用方面具备显著优势，他们能够快速适应信息化时代的教学需求，善于将现代科技融入课堂设计之中。然而，由于教学经验较为欠缺，他们对教材核心内容的精准把握和对教学资源的合理整合能力仍需进一步提升。而老教师凭借丰

富的教学经历和深厚的实践积累，对教学内容的重难点具有深刻理解，但因长期受传统教学模式的束缚，创新意识相对薄弱。因此，将新老教师的优势互补作为创新教学模式的关键切入点，能够有效推动大单元教学改革的深入开展。

通过教研工作的系统性推进，可以为新老教师间的深度协作提供平台与机会。有针对性的教研活动应突破传统的学科分工和职称壁垒，以多样化的形式引导教师共同探讨教学内容的整合与创新路径。在这种协作机制下，教师可以结合大单元教学的特点，从整体目标出发，深挖教材的内涵，重新审视教学设计的逻辑结构与实践效果，从而制定出更具有层次性和针对性的教学方案。

"师徒结对"作为一种行之有效的合作模式，为新老教师搭建了交流经验和共同进步的桥梁。在这种体系中，老教师以积累的教学智慧和专业素养为新教师提供指导，帮助他们克服教学初期面临的不足与困惑。而新教师则凭借对现代教学工具的敏感度和创新意识，为老教师的教学方法增添新的活力。这种双向互动不仅能实现经验的传承，还能通过新理念的引入激发老教师的教学灵感，促进教学方法实现动态优化。

为提升新老教师协作的效能，应注重建立科学的激励机制和持续的培训体系。通过定期组织教学观摩、研讨会和实践活动，进一步强化教师之间的协作意识和创新能力。在这种环境中，教师能够在互助中不断提升自身的教学素养，同时推动大单元教学模式向多样化和深入化方向发展。

以老带新、以新促老的协作模式能够充分挖掘教师群体的集体智慧，将个人的优势资源转化为团队的整体效能。通过构建良性互动的教学合作体系，不仅可以实现教学理念与实践的有机结合，还可以为大单元教学模式的创新提供持久动力，为教学改革的持续深化奠定坚实基础。

（三）提高教师运用专业知识的能力

新课程标准要求教师不断更新专业知识，提高专业能力，以满足教学实践中多样化、深层次的需求。教师的专业知识不仅涵盖学科领域，还涉及跨学科以及教育学等多个维度。通过强化对这些知识的学习与运用，能够推动教学模式的深入探索，提升教学效果，为学生的全面发展提供更加坚实的保障。

第一，学科专业知识的学习和运用。教师需要具备扎实的学科专业知识。

随着知识体系的不断更新迭代，教师在掌握学科基础知识的同时，必须具备动态调整的能力，以保证教学内容和方法始终与时俱进。特别是在具有鲜明时事性特点的课程中，教师不仅需要理解并融会贯通学科知识，还需要紧密结合当前社会热点，确保教学内容兼具时代性和针对性。在此基础上，教师应注重课程知识的深入挖掘，将学科内容融入具体的教学实践中，以促进学生对核心知识的有效掌握。同时，教师需要具备整合知识的能力，将学科之间的联系通过教学活动加以呈现，逐步培养学生的跨学科思维与创新能力。通过这种方式，教师能够从容应对复杂的教学情境，为学生提供更加灵活和多样化的学习体验。

第二，跨学科知识的学习与运用。教师需要突破学科本位的局限，以学生核心素养的发展为导向，加强学科间内容的横向联系。广泛的阅读与学习是提升跨学科素养的基础。通过对交叉学科知识的深入研究，教师可以将不同领域的知识有机整合，并灵活地融入教学过程中。这种综合性知识的运用不仅可以丰富教学内容，还可以有效提高学生的学习兴趣与整体素养。此外，教师应具备触类旁通的能力，在某一学科知识的教学中，结合其他学科的相关内容，形成全面系统的知识体系，以促进学生的全面发展。

第三，教育专业知识的学习与运用。初中阶段的学生正处于心理和生理快速发展的阶段，其心智特点决定了教育需要更具有针对性和个性化。在教学实践中，教师需要深入理解学生的身心发展规律，通过科学的教学策略实现面向全体与因材施教的统一。在此过程中，教育学和心理学知识尤为重要，它们为教师理解和支持学生提供了理论依据。通过精准把握学生的心理发展状态，教师能够为其提供有效的指导和帮助，从而促进学生在学业、心理和道德层面的全面成长。这种对教育专业知识的深入运用可以提升教学实践的科学性和有效性，为学生健康成长营造良好的学习环境。

五、建立科学的大单元教学评价，促进素养落实

教育教学过程是动态的、不断变化的，教学评价则是一项复杂而长期的动态活动。若要让课堂教学更具明确的目的性，就必须将大单元教学评价过程融入课堂教学中。适时开展的大单元教学评价可以及时准确地为教师提供所需信息，从而帮助他们迅速对大单元教学的实施做出相应调节，确保大单元教学目标的实现。初中道德与法治课的大单元教学评价应当着重关注以下三个方面：

（一）教学评价设计应具备层次性

教学活动不仅仅是单一知识的传递，更是学生能力逐步提升的过程。因此，教学评价应当与学生的学习进程紧密结合，既要关注每一阶段学生的学习成果，又要体现对学生长远发展目标的支持。评价的层次性全面展现了对学生学习动态变化的精准把握，能够有效反映学生知识的掌握程度以及其综合能力的提升。

课时评价作为最基础的教学评价形式，重点聚焦学生对当前学习内容的掌握情况。这一层次的评价通过即时反馈，能够帮助教师及时调整教学策略，确保学生能够在课堂内外不断巩固知识，提升理解能力。在这一过程中，学生的短期记忆、对具体知识点的掌握程度以及学习方法的初步运用，都是评价的关键维度。通过这一环节的设计，教师能够直观地看到学生在学习过程中是否存在理解困难，并及时做出教学调整，增强学生的学习动力和信心。

单元综合评价则是在教学过程中的一个更高层次的评价，它不仅关注学生对具体知识点的掌握，还涉及学生在整个单元学习中的知识整合能力和思维发展。此类评价侧重于学生对学科大概念的理解程度，以及他们运用所学知识解决实际问题的能力。通过单元评价，教师能够评估学生在解决复杂问题时的策略运用和思维灵活性，从而为学生未来学科能力的发展提供反馈。这种评价方式促进了学生综合素质的培养，特别是在提升学生批判性思维、创新思维和解决实际问题的能力方面发挥了至关重要的作用。

在层次化的评价体系中，课时评价和单元评价的结合构成了学生学习过程的完整反馈环节。这不仅为教师提供了关于学生当前学业水平的有力数据支撑，也为学生自身的学习提供了系统性指导。通过各个层次的评价，学生能够更清晰地认识自身学习进展，明确短期内需要改进的地方，并在长期的学习过程中逐步提升综合能力。而教师则能够通过这种层次性的评价反馈，不断调整和优化教学策略，提升教育教学质量。

在不断发展的教育环境中，教学评价的层次性不仅是对知识掌握情况的简单评估，更是学生全面发展、综合能力提升的有力支撑。通过这样的评价设计，教师能够更好地引导学生走向更加深远的学习目标，也能够为教育系统的改进和创新提供宝贵依据。

（二）教学评价主体应具备多元化

传统的教学评价主要以教师和教育管理者作为评价主体，强调学生对知识的掌握情况。然而，随着教育理念的更新迭代和教学模式的多样化，单一的评价主体已无法全面反映学生的学习状况和成长轨迹。为了更有效地促进学生的全面发展，教学评价体系应当吸纳多方主体参与，涵盖学生、教师、同伴等多重视角，使评价过程更加全面、立体，并且能够真正关注学生的个体差异与发展潜力。

多元化的评价主体体现在对学生评价主体的拓展。除了教师的评价外，学生的自我评价以及同伴之间的互评，同样应当成为评价的核心组成部分。学生自评的引入不仅能够促使学生反思自己的学习过程和成绩，还能够有效促进其元认知能力的提升。学生通过自我评估，不仅能清晰地认识到自身的优点和不足，还能进一步提高自我调节和自我激励的能力，逐渐形成独立思考和自我反省的习惯，培养出自我发展的意识。这种自评机制不仅能够增强学生的自信心，还能够推动其学习目标的内化和自主学习能力的提高。

同伴互评则提供了另一种重要的评价视角。学生之间的评价不仅能够促进相互学习与互动，也能够帮助学生从不同角度审视自己的表现。通过与同伴的评价交流，学生能够更客观、更全面地了解自己的学习情况，并获得来自同龄人群体的反馈。这种多维度的评价方式既增强了学生的参与感，又提升了课堂互动的质量，进一步激发学生的学习动力和集体责任感。

教师的评价仍然是教学评价体系中的重要组成部分，教师应当更多地作为引导者，帮助学生从自评和互评中获得反馈，并结合学生的具体表现和学习过程，进行更有针对性的指导和干预。教师的评价既应侧重学生学业成就的具体表现，也应关注学生在学习过程中的态度、参与度、协作能力等多方面素质的提升。

多元化的评价体系不仅丰富了评价主体，也使评价内容更加全面。传统的评价模式过度聚焦于学业成绩，往往忽视了学生其他方面能力的培养。在现代教育中，评价应当覆盖学生的学业成就、社会能力、情感态度等多个维度，全面反映学生的成长与进步。因此，在教学评价中，教师应综合运用各种评价方法，如课堂参与度、合作学习效率、实践活动的完成情况等，通过多维度的评价为学生提供更为全面、细致的反馈。

教学评价主体的多元化不仅能够全面反映学生的学习成果，还能够激发学生的主体意识，促进其自我认知和自我发展的能力。通过这种多元化的评价体系，教师可以更加精准地把握学生的个体差异，制定更加个性化的教学策略，进一步推动学生的全面发展。

（三）教学评价设计应将核心素养具体化

随着教育理念的不断深化，尤其大单元教学模式的广泛推行，教学评价不能仅关注学业成绩，更应着眼学生综合素质的提升。核心素养的培养已成为现代教育的核心目标之一，而教学评价设计则应当精准对接核心素养的要求，将其具体化，确保评价不仅能够衡量学生的学术水平，还能够反映其在思维能力、创新能力、社会责任感等方面的成长。

核心素养的具体化要求教师在教学设计之初就明确每一单元所涉及的核心素养目标，并将其嵌入各类评价活动中。教学评价不能只停留在对学生知识掌握情况的评估上，更要关注学生在知识运用、问题解决、团队合作、社会参与等方面的实际表现。通过这一具体化的设计思路，教师能够更加全面地了解学生在核心素养方面的成长轨迹，精准识别学生的优势与不足，进而有针对性地进行指导与调整。

教学评价不应仅依赖期末考试或阶段性测试来进行总结评估，而是应通过更加多元化、系统化的方式，捕捉学生在日常学习中的发展动态。课堂中的互动、讨论、小组合作等活动不仅能为学生提供多样的表达与展示机会，还能在教师和同伴的评价中反映出学生核心素养的具体情况。例如，教师可以通过设计与核心素养相关的项目任务，组织学生在真实情境中运用所学知识开展自主学习、批判性思维训练以及社会实践，进而从过程性评价中提炼出学生的综合素质和发展潜力。

教学评价的具体化应体现在评价标准和评价维度的明确化上。教师应制定具有操作性的评价标准，涵盖知识理解、思维方式、创新能力、合作精神等多个维度的素养要求，同时根据学生的个体差异制定差异化的评价方式。这种细化的标准不仅能帮助学生明确自身的成长方向，也为教师提供了更为科学的评估依据，使评价不仅具备公正性，还能够实现个性化、灵活化的教学调整。

教学评价设计的核心素养具体化不仅提升了学生的综合素质，也为教育改革提供了极具价值的实践依据。通过这种多维度、具体化的评价体系，教师能够更高效地促进学生全方位的能力提升，同时更大程度地调动学生的主动性和积极性，使其在评价过程中成为自我发展和反思的主体。

第四章　核心素养视角下初中道德与法治教学方法的运用

在核心素养视角下，初中道德与法治课程不仅要关注知识的传授，更要注重培养学生的思维能力、价值观念和实践能力。因此，教学方法的创新与优化是实现这一目标的关键所在。本章立足核心素养导向，深入探讨情境创设、议题式教学、案例教学法在初中道德与法治教学中的运用。

第一节　情境创设在初中道德与法治教学中的运用

一、初中道德与法治教学情境创设的实践价值

初中道德与法治教师应具备创设教学情境的理念与能力，通过构建多层次的课堂情境，引导学生实现从情境性知识向原理性知识的生成与运用转化。在分析与解决问题过程中，逐步培养学生的道德与法治课程核心素养。

（一）国家层面：强化立德树人的根本任务

党的十九大报告中，习近平总书记全面部署了教育工作，明确了社会主义教育事业的总方向，提出"优先发展教育事业"的总战略，将"建设教育强国"视为实现中华民族伟大复兴的基础工程，要求深化教育改革、加快教育现代化进程，全面落实立德树人根本任务，培养德智体美全面发展的社会主义建设者和接班人。党的二十大报告进一步明确了新时代新征程的历史方

位，为全面推进中国式现代化做出重大部署，强调教育现代化在经济社会发展和国际竞争力提升中的核心作用。强国必先强教，教育现代化成为实现中国式现代化的重要支撑。

在新起点上，学校与教师须共同担负起推进中国式现代化教育教学工作的重任。学校应深入贯彻习近平总书记关于教育的重要论述，全面落实党的教育方针，坚持为党育人、为国育才，遵循教育与人才的成长规律，以高质量发展为核心、以深化教育改革为动力，健全育人机制。学校教育应以培养德智体美劳全面发展的社会主义建设者和接班人为目标，关注学生的全面发展，切实服务社会需求。

对于初中道德与法治教师而言，应深刻思考和实践"培养什么人、怎样培养人、为谁培养人"这一根本问题。在教学构建和实施过程中，教师需要准确把握"教什么、为什么教、怎样教"，改变传统"灌输式"的教学模式，通过情境教学优化课堂实践。情境教学以"知识＋情境"的方式展开，将知识传授与实践相结合，创设多样化教学情境串联知识点，增强学生的课堂参与感与互动性。在道德与法治课堂中，学生可通过亲历道德情境，深刻感悟社会规则与道德规范，在互动学习中提升道德素养与法治意识，逐步形成符合社会要求的智慧品质。教师应通过优化课堂设计，培养学生的创新精神与实践能力，为实现教育现代化和中华民族伟大复兴提供坚实的人才保障。

（二）学科层面：凸显道德与法治活动型课程特色

在初中阶段，道德与法治课程不仅是知识传授的载体，更是一门以促进学生全面发展为目标的活动型课程。该课程注重将抽象的理论知识与具体的实践活动相结合，构建"学科＋实践""理论＋实际"的融合课程体系。这种设计以实践活动为途径，引导学生在探索中挖掘自身潜能、提升应对问题的能力，最终实现课程核心素养的培养。为契合活动型课程的特性并实现育人目标，初中道德与法治课程强调学生主观能动性与创造性思维的培养，关注提升学生的思辨能力、合作能力、探究能力以及生活实践能力。这些能力不仅是学生个体成长的关键要素，更是社会对未来公民的基本期待。

在实现上述目标的教学策略中，情境教学法因独特优势成为该课程实施的重要手段之一。通过为学生创设优质的课堂情境，情境教学能够将抽象的知识具体化、生活化，使学生在真实或模拟的情境中获取知识、提升能力。在情境中开展学习能够激发学生的学习兴趣，增强其主动参与的意识，同时帮助其将课堂知识与日常生活联系起来。这一过程不仅促进了学生对道德与法治知识的深刻理解，还能潜移默化地提升其综合能力，使其在生活中能够做出更明智的选择和判断，逐步形成正确的情感态度和价值观。此外，通过将学习活动嵌入具体情境，学生得以更全面地理解社会现象，提升其社会参与能力。这种教育方式不仅帮助学生掌握必备的学科知识，更助力其成长为具有社会责任感和实践能力的合格公民。

道德与法治活动型课程的实施要求教师在教学中善于运用情境教学法，将理论知识与学生的日常生活紧密结合。教师通过创设贴近学生生活的教学情境，能够有效激发学生的探究兴趣，引导其主动参与课堂讨论并在交流中加深对知识内容的理解。这种互动性强的教学方法不仅有助于学生的知识建构，也为其分析问题、解决问题能力的培养提供了重要契机。同时，情境教学能够进一步促进学生情感态度与价值观的积极发展，使其在教学活动中潜移默化地内化道德观念与法治意识，从而更好地实现道德与法治课程的育人目标。

情境教学法作为一种创新的教学策略，不仅凸显了道德与法治活动型课程的特点，还显著提高了课程教学的实际效果。然而，这一教学模式的有效实施对教师提出了更高要求。首先，教师需要在教学设计中展现创新精神和探索意识，以适应情境教学的特殊需求。这需要教师打破传统的教学框架，从单纯知识传授向互动性和实践性更强的教学模式转变。其次，教师需要勇于尝试新型教学手段和技术，不断优化教学过程，使情境教学更加契合学生需求。为确保情境式教学的顺利实施，教师应具备极强的专业素养和实践能力，既能设计出高质量的教学情境，又能在课堂中灵活应对各种教学情况。

（三）学生层面：促进学生课程核心素养的提升

在新时代背景下，社会对人才的标准日益提高，青少年需要培养既符合个人发展需求，又能够适应社会进步的品格与能力。作为教育体系的重要组成部分，初中道德与法治课程已不再局限于传统意义上的知识传授课程，而是转变为一门注重活动设计和实践体验的课程，承载着提升学生核心素养的重要使命。课程核心素养是学生全面发展的关键，涵盖政治认同、道德修养、法治意识、健全人格和责任意识等多个关键方面。初中道德与法治课程以这些素养为培养目标，帮助学生建立正确的价值观念和行为规范，为他们的终身发展奠定坚实基础。

情境教学作为一种创新的教育方式，是初中道德与法治课程的重要特征。

它强调将课程内容与活动设计相结合，通过构建真实、贴近学生生活的教学情境，使学生在参与中学习、在体验中成长。相较于传统课堂以教师讲授为主的模式，情境教学更加注重激发学生的主动性与创造力。例如，热点问题分析、角色扮演和场景模拟等活动不仅帮助学生加深对国情、社情和民情的理解，还能够引导他们在实际情境中思考与实践，真正做到学以致用。在开展开展情境教学时，教师需要从课程核心素养的培养目标出发，深入研究课程内容，精心设计贴合学生生活实际的教学情境。有效的情境教学要求教师在设计情境时，注重情境的真实性和教育价值，同时通过问题引导、互动参与等方式，激发学生的学习兴趣与热情。此外，教师还需帮助学生将课堂知识与社会实际联系起来，在体验中增强他们的社会责任感和爱国情怀。

通过情境教学，初中道德与法治课程不仅在知识层面为学生提供指导，更注重对学生情感与价值的塑造。这种教育形式鼓励学生在真实的学习情境中开展自主探究和合作探究，不断提升其解决实际问题的能力和团队协作意识，既为学生当下的学习提供支持，也为他们未来成为有知识、有情怀、有实践能力的社会主义建设者和接班人奠定基础。

二、初中道德与法治教学情境创设的总体思路

（一）情境创设的准备阶段

情境素材收集、情境内容搭建以及情境活动设计是情境创设准备阶段的必要环节。以学生认知特点为基准、以教学重难点为核心、以课程核心素养为底色是教学情境创设准备阶段的关键所在。

1. 以学生认知特点为基础，收集情境素材

教与学是互动的过程，不应仅限于单向的知识传递。因此，学生是备课的基础，教师需要全面了解学生的认知特征，包括其知识背景、能力水平、生活环境及身心发展等因素。依据学生的认知特点，教师应设计相应的教学方法和路径，从而更高效地促进学生的学习和成长。根据学生的认知特征选择和整合教学素材，能够使教学内容更好地贴合学生的实际情况，进而更顺利地实现教育目标。可以通过以下渠道收集情境素材：

（1）从中华优秀传统文化中收集素材

中华优秀传统文化是中华民族的璀璨瑰宝，其独特价值不仅体现在深厚的历史底蕴与丰富的文化内涵上，更凸显在它所蕴含的自强不息的精神之中。

作为民族精神的源泉，传统文化为青少年的成长营造了深厚的文化氛围。通过挖掘其中的情境素材，教师能够帮助学生增强文化自信、价值观自信，并从中汲取前行的力量。

（2）从践行社会主义核心价值观案例中收集情境素材

社会主义核心价值观作为新时代中国特色社会主义的精神支柱，对青少年的思想教育起着至关重要的作用。从践行社会主义核心价值观的具体案例中收集情境素材可以有效地将理论与实际相结合，帮助学生更好地理解和践行这一价值观。通过引导、宣传、熏陶等形式，将这些价值观潜移默化地融入学生的学习和生活中，不仅能够提升他们的思想道德水平，还能够促进其人格发展和社会责任感的培养。

（3）从时政热点中收集情境素材

教师在收集情境素材时，应具备与时俱进的思维意识，时刻关注社会动态，与时政保持同步。通过将时政热点与教学内容相结合，教师可以帮助学生了解社会的发展趋势，培养其批判性思维，并增强其社会责任感和参与意识，这不仅有助于提升学生的政治敏锐度，还能够增强其对国家发展大局的理解和认同。

（4）从社会热点事件中收集情境素材

信息时代，互联网让社会事件得以迅速传播，教师可以通过对社会热点事件的关注和筛选，将契合教学目标的素材引入课堂。这些事件通常具有较高的社会关注度且富有教育意义，能够直接反映社会的价值观和道德取向。通过这些事件的教学，教师不仅能够帮助学生了解社会现实，还能够引导他们思考社会问题，增强他们的社会责任感和实际解决问题的能力。

（5）从休闲娱乐的事物中收集情境素材

初中生正处于身体和心理的迅速成长阶段，对新鲜事物充满好奇心。如果教师能够将课堂内容与学生喜爱的休闲娱乐相结合，将极大地提高学生的学习兴趣和参与度。教师可以从学生普遍喜爱的综艺、游戏、影视剧等娱乐内容中，筛选出与教学相关的素材，通过创设有趣的情境，使学生在轻松愉快的氛围中获得知识，从而有效提高课堂教学的吸引力和教学效果。

（6）结合中考趋势，挖掘试题中的情境

考试题目往往与学生的实际学习和生活密切相关，具有鲜明的时代特色。教师通过分析历年中考试题，可以发现其中蕴含的情境素材，这不仅为教学提供了具体的指导方向，也有助于学生把握考试的趋势和特点，提升其应试能力。通过这类情境素材的挖掘，学生能够更好地理解学习内容，并提高解决实际问题的能力，为未来的学习和考试做好准备。

2. 以教学重难点为核心，搭建情境内容

在道德与法治课堂中，学生常常会遇到一些较为抽象的概念和难以理解的法律条文。例如，在善用法律这一课中，教学重点是让学生明白遇到侵害时应依法求助，教学难点则是教会学生如何勇敢且智慧地应对违法犯罪。教师可以通过设计模拟法庭、模拟侵害事件等情境任务，帮助学生深入理解应对违法行为的方法。通过情境模拟，学生不仅能了解法律条文的具体应用，还能在实践中学习如何表达自己的权利，以及在面对违法行为时如何做出合适的反应。这样，学生的理论知识与实际能力得以结合，达到了教学的关键目标。

情境创设的核心任务是确保学生在课堂中能有效地突破重难点，达成教学目标。因此，在设计情境时，教师必须围绕教学目标进行合理布局，使情境任务有的放矢，避免出现设计过于复杂或偏离主题的情况。例如，教师可以为学生设计一个"校园侵害事件"的情境，假设学生在校园里遭遇不法侵害，需要向法律机构求助。在这一情境中，学生可以通过角色扮演，体验从报警到接受法律援助的整个过程。通过这种方式，学生能够更加直观地理解法律援助的意义，并学习如何理智、勇敢地应对类似问题。

另外，情境设计必须紧密联系学生的实际生活，尤其在初中阶段，学生的生活经验相对有限，教师应通过生活化的情境任务，激发学生的参与热情和思考能力。例如，教师可以通过分析学生身边常见的法律案例，如交通事故、校园暴力等，让学生从身边真实发生的事件中学习法律知识。通过结合生活实际，学生可以感受到法律知识的实用性，从而激发他们主动学习的兴趣，并且能将理论知识灵活应用于实际生活中。

有效的情境设计应当关注几个关键要素。首先，情境任务要紧扣教学目标，明确任务的指向性，避免情境设计脱离教学目标。例如，教师设计情境时，必须确保任务是为了帮助学生理解法律在生活中的实际应用，而不是单纯地为了增加课堂的趣味性。其次，情境设计要充分考虑学生的学情。在设计任务时，教师应根据学生的认知能力和生活经验调整情境的难易程度。如果任务过于复杂，学生可能无法顺利完成；如果任务过于简单，学生可能无法有效突破教学重难点。

3. 以课程核心素养为底色，设计情境活动

初中道德与法治课程的教学目标是通过培养学生的道德意识和法治观念，使其成为具备核心素养的社会主义建设者和接班人。这一目标的实现离不开课堂上有深度、有意义的情境设计。通过情境活动，学生不仅能学习到相关的法律知识和道德规范，还能提升自己的思辨能力、判断能力和社会责任感。

情境教学活动的设计必须紧密结合核心素养的培养目标。教师应根据学生的年龄特点和认知发展阶段，创设能够引发学生深思的情境任务，让学生在实践中感知道德和法治的重要意义。在情境教学活动中，教师不再是传统的知识传递者，而是转变为引导者和协助者。教师应在情境中引导学生进行探索、讨论和总结，帮助学生从多个角度理解和体会法律与道德之间的紧密关系。例如，在"模拟法庭"活动中，教师可以让学生分别扮演法官、辩护律师、被告等角色，深入探讨案件中的道德与法律问题。教师的引导不仅能帮助学生理解法律条文，还能鼓励学生通过对案件的分析，培养他们的批判性思维和社会责任感。

情境活动的设计应紧密结合课程的性质，既要与学生的生活经验相关，又要能够对学生的思维深度和道德认知形成挑战。典型的情境设计如下：

第一，践行社会主义核心价值观情境。通过设计"社区志愿服务"活动，让学生在角色扮演中体验如何践行社会主义核心价值观，提升社会责任感。

第二，社会热点问题讨论情境。教师可以设计关于网络暴力或环境保护等社会热点问题的讨论情境，引导学生思考道德规范与法律规定如何共同作用，进而提升学生对社会问题的关注和分析能力。

第三，法治教育情境模拟。在课堂中模拟交通事故处理或劳动争议调解等情境，学生通过模拟法律程序，学习如何依法解决问题，并理解法律对维护社会公平正义的保障作用。

为确保情境活动的有效实施，教师应注意以下几点：①紧扣学生实际，情境设计要符合学生的认知水平和生活经验，避免脱离学生实际的空洞讨论。②任务明确，层次清晰。情境任务的设计要有明确的目标，层次分明，既要有基础性的知识学习，又要有深度地思考和讨论。通过任务驱动，激发学生的学习兴趣和主动性。③注重互动与合作，情境活动应强调学生之间的互动与合作，鼓励学生在讨论和实践中共同成长。例如，在小组讨论中，学生可以提出不同观点，相互辩论，培养团队协作精神和批判性思维。

（二）情境创设的实施阶段

情境的实施是课堂教学的关键环节，影响着教学的整体节奏与效果。只有情境得以顺利且有效地实施，才能实现课堂教学一系列的知识目标和育人目标。实施阶段的基本任务是最大限度激发学生学习兴趣、引导学生掌握新知识，从而促使学生积极参与情境之中，实现教学目标。

1.情境导入：激发兴趣，引领学生入门

在初中道德与法治课堂中，如何有效激发学生的学习兴趣，并促使其积极参与课堂讨论与实践，是确保教育目标实现的重要因素。情境导入作为一种有效的教学策略，能够迅速吸引学生的注意力，将他们的焦点从课堂之外转向课堂内容。这种方法不仅仅是激发学生的兴趣，更在于通过特定情境的设置，使学生在体验中感知知识的价值与实际意义，从而提高学习的主动性。

情境导入的成功与否在很大程度上依赖教师的设计与准备工作。教师在设计新课导入时，应充分考虑学生的已有知识和经验，搭建新旧知识的桥梁。通过联系学生已有的认知基础，创设一个既能激发学生兴趣，又能顺畅过渡到新知识的教学情境。此外，教师还可以通过提出富有挑战性的问题来引导学生思考，这些问题不仅深化现有知识，还可能引发学生对新知识的好奇心。在提问后，教师应善于通过连续追问的方式，激发学生深入思考，帮助其自发地进入新知识的学习状态。为了更有效地导入情境，教师还可结合多种教学手段，如通过视频、图片、实物或角色扮演等方式，增强课堂的互动性和感官刺激，进而提高课堂的吸引力和学生的参与感。

2.情境探究：引导探索，掌握新知精髓

在情境教学中，讲授环节是教师和学生共同围绕教学情境展开探索的核心环节。情境探究的目的是让学生在教师的引导下，深入理解情境中的知识点，并将这些新知识与自身已有的知识体系相联系。教材中的"探究与分享"板块为情境探究提供了切实可行的基础，这些内容通常与学生的日常生活息息相关，能够增强知识的现实感和实用性。

在教学过程中，教师通过精心设计的情境，激发学生的探究热情，促使学生提出假设并通过实践验证这些假设。这样，学生不仅能掌握知识的核心要素，还能通过探索积累宝贵的学习经验。这一过程有助于提高学生的思维能力，同时增强他们在实际情境中解决问题的能力。在初中阶段，学生的认知结构初步建立，具备了较强的思维能力和探究意识。在情境探究的过程中，

教师要更加关注学生的参与热情与学习积极性，激发他们的主动思考和参与探索。

为了确保情境探究的有效性，教师需要设计具有层次性的问题，做到从易到难、由浅入深，逐步引导学生进入更深层次的思维探索。每一个探究问题的设置应具备逻辑性和连贯性，确保学生在解决问题时能够条理地展开思考。情境探究不仅要求教师在教学中发挥主导作用，也要求充分尊重学生的主体地位。在探究过程中，教师应通过观察学生的发言和表现，了解他们的思维过程、态度变化及价值观的形成。根据学生的发言，教师可以及时做出总结与引导，帮助学生更好地理解知识，同时提升他们的综合能力。

师生之间的良性互动是情境探究教学的关键。在教学过程中，教师不仅是知识的引导者，也是思维的启发者，而学生则通过自身的主动探究，不断深化对知识的理解与应用。通过这种情境探究的教学模式，学生不仅能够深入理解和掌握知识，还能够在实践中发展出更为高阶的思维能力和问题解决能力，最终达到预期的教学效果。

（三）情境创设的总结阶段

在教学过程中，总结环节至关重要，它不仅为教师提供了回顾课堂实际教学流程的机会，也检验了情境教学的实际效果。更重要的是，通过有效的总结，教师能够及时发现存在的问题，并据此对教学方法和策略进行必要的改进。

1. 重视学生对教学情境的反馈

在初中道德与法治教学中，教师需要重视学生对教学情境的反馈，这不仅有助于总结教学效果，还能促进学生的学习和思维发展。通过合理开展课堂总结和反馈，教师可以了解学生在情境学习中的表现，从而评估他们是否真正掌握了知识、提升了能力，并促进了核心素养的发展。

总结环节是课堂教学的重要组成部分，为教师提供了回顾教学内容、检验教学效果的机会。在情境教学中，教师通过回顾学生的反馈，可以清晰地知晓哪些知识点学生理解透彻、哪些概念仍存在困惑。学生的反馈不仅反映出他们对教学内容的掌握程度，还能激发出新的问题和思考，促使教师反思并调整教学策略。例如，当学生反馈出对某个情境活动理解不足时，教师可以通过不同方式加以引导，或者设计新的情境任务以加深学生对该知识点的理解。这样的反馈机制帮助教师不断优化自己的教学方法，确保课堂目标能够顺利达成。

此外，对教师而言，学生的反馈是一种宝贵资源，可以帮助教师了解自己在情境教学中的优势和不足。通过分析学生的反馈，教师能够明确自己教学的闪光点以及需要改进的地方，从而灵活调整教学策略。比如，学生对某一情境活动表现出了较强的兴趣和参与度，教师可以借此优势设计更多类似活动，进一步提升学生的学习动力；反之，若某个环节学生普遍理解困难，教师则可以采取更多互动、引导的教学方式来帮助学生克服难点。这样的反馈和调整不仅提升了教学质量，也让教师在不断实践中成长，探索更多有效的情境教学方法。

学生在反馈过程中的积极参与也对他们的学习起到了促进作用。参与反馈能让学生更深入地理解学习内容，发现并解决在学习过程中遇到的问题。例如，学生可以通过讨论和反思，表达自己的理解和困惑，教师根据这些反馈提供新的解答或扩展思路。这不仅帮助学生巩固已学知识，还能够激发他们对新知识的渴望，形成良好的学习循环。更重要的是，学生在反馈中锻炼了创新思维和问题解决能力，这对于他们未来的学习和生活影响深远。

通过反馈，学生不仅在知识层面得到巩固，综合素质和能力也得到提升。反馈环节让学生主动参与学习过程中，从而养成主动学习的良好习惯。这种积极的反馈机制不仅让学生清晰地了解自己在学习过程中的进步和不足，还为他们今后面对更复杂的学习任务，提供了自我调节和解决问题的能力。

2. 对教学效果进行反思

在初中道德与法治教学中，通过反思，教师能够审视自己的教学方法，找出不足并加以改进，从而在教学实践中不断优化自己的教学策略和理念。反思不仅是一个简单的总结过程，更是推动教学持续改进的动力源泉。

教学反思可以分为三个阶段，教学前的目标和方法思考、教学中的调整和反应以及教学后的评估和总结。在教学前，教师需要明确教学目标，选择合适的教学方法，并预测可能出现的课堂情况。这一阶段的反思有助于教师在课堂上有的放矢，避免发生盲目教学的情况。在教学过程中，教师根据学生的反馈和课堂动态灵活调整教学策略。这一过程的反思关键在于教师如何通过即时观察和分析，针对学生的学习需求和反应做出有效应对举措。在教学后，教师则通过评估教学成果，审视自己设定的教学目标是否实现，尤其是情境教学法能否达到了预期效果。教学后的反思不仅仅是对成功经验的总结，更是对教学中出现的问题深入分析和探索解决方案。

情境教学法强调通过模拟实际生活中的情境来帮助学生更好地理解道德和法律相关的问题。在这种教学方式下，教师不仅需要考虑情境的创设是否贴近学生的实际生活，还需要反思情境是否能够有效激发学生的思维和参与。在反思过程中，教师应重点关注情境的有效性，思考学生是否在该情境中获得了所需的知识和技能，并从学生的反馈中获取改进的线索。例如，某个情境任务没有引发学生足够的思考或参与，教师可以反思该情境是否过于抽象、难度过大，或者与学生的实际生活经验相脱节。在下次教学中，教师可以根据这些反思调整情境的设计，使其更加生动、有针对性。此外，教师还需要反思教学目标是否真正得以实现，尤其在情境教学法的应用上。情境教学的核心在于帮助学生将理论知识与实际生活联系起来，培养其法治意识和道德素养。教师需要评估情境教学法是否能够有效帮助学生理解和掌握相关知识，是否促使学生提升了批判性思维和问题解决能力。如果反思过程中发现某个环节未能达到预期效果，教师需要分析背后的原因，并尝试在今后教学中进行调整。

每一节课结束后，教师应对教学过程进行深入分析，从学生的表现、课堂氛围、教学反馈等多个角度进行总结。反思的目的是找出教学中的优点和不足，以便在下一次教学中做出相应调整。这种反思不仅限于某一堂课，也应考虑如何在不同班级、学生群体中实施更加合适的教学方法，以保证教学进度的同步性和课程教学的连贯性。

长期的教学反思不仅能提高教师的专业能力，也能提高学生的学习效果。通过不断优化教学设计和策略，教师能够在实践中找到更有效的教学方法，帮助学生更好地掌握道德与法治知识，同时激发他们的思维能力和社会责任感。反思是教师实现自我提升的重要途径，教师通过反思不断总结经验，解决问题，从而推动教育质量稳步提升，最终实现教学目标和学生发展的双赢。

三、初中道德与法治教学情境创设的注意事项

基于核心素养培育的初中道德与法治教学情境创设，不仅需要从情境的准备阶段、实施阶段以及总结阶段出发，形成情境系统性教学思维，在创设情境时还应当注意以下两个方面的问题：

（一）以提升核心素养为目标，增强情境设计能力

提高教学情境的设计能力可以从两方面入手：其一，拓宽情境素材收集

渠道。教师可以从中华优秀传统文化、践行社会主义核心价值观的案例、社会热点事件、休闲娱乐活动、时政热点、中考试题等多角度地挖掘情境素材。其二，在丰富的情境素材的基础上，教师可以创设多元的情境类型。诸如生活性情境、思辨性情境、故事性情境等都符合初中学生的身心成长规律，有利于初中学生道德与法治课程核心素养的培育。

1. 生活性情境：将理论融入生活实际

在初中道德与法治教学中，通过创设与学生日常生活紧密相关的情境，教师不仅能激发学生的学习兴趣，还能帮助学生将抽象的理论知识应用于实际问题中，深化他们对知识的理解。这种教学策略能让学生在实际情境中感知知识的意义，增强他们对学习的主动性和参与感。

生活性情境的作用不仅限于知识的传授，还能够促进学生综合素养的提高。通过实际情境，学生可以在解决问题的过程中，提升思辨能力和批判性思维，锻炼解决实际问题的能力。例如，在道德与法治课程中，教师可以通过模拟社区争议或校园纠纷的情境，引导学生思考如何运用法律解决问题，同时探讨道德判断的标准。这种情境不仅提高了学生的法律知识，更培养了他们的社会责任感和道德判断能力，为他们今后在社会生活中做出合理决策打下坚实基础。

教师在创设生活性情境时，首先，要善于观察和捕捉生活中的片段，将这些实际情境生动地呈现给学生。这不仅需要教师具有敏锐的观察力，还需要有较高的情境设计能力，使课堂更加生动且贴近学生的实际生活。其次，教师必须站在学生的角度进行思考，了解学生的兴趣和需求，设计出既能激发学生兴趣，又符合知识内容的情境。例如，针对青少年学生对网络问题的关注，教师可以通过模拟网络暴力事件展开讨论，帮助学生理解网络伦理和法律的关系。最后，创设的生活性情境应当与课程目标紧密结合，不仅让学生在实际情境中主动学习，还应培养他们的亲社会能力和生活能力，使他们能够在未来的社会生活中做出合理的道德和法律判断。

2. 思辨性情境：在思想冲突中促进成长

在教育领域，经常强调思辨性情境的重要性。这种情境能够有效激发学生的思维活力。具体来说，通过设计具有对立统一特性的情境任务和问题，能够引导学生迅速调整自身的思维方式。让学生在"不唯一"的思维碰撞中，不断增强自己的辨别能力，逐步获得真理性的认识。这个过程并非一帆风顺，而是需要学生经历反复的交流与碰撞，不断地在肯定与否定之间摇摆，最终再次肯定，才能形成一个较为成熟的认知。然而，这个过程的意义并不仅限于此。它不仅能激发学生的发展潜力，而且能让学生不断完善对自我、社会乃至世界的认知。因此，教师应该重视对思辨性情境的创设，为学生提供更多机会去体验这样的思维过程。

创设思辨性情境需要教师考虑两方面的因素：第一，情境任务与情境问题是思辨性情境的重中之重。任务和问题本身的逻辑是否成立、难易程度是否符合学生身心发展规律、内容是否联系课本知识等，都是思辨性情境在创设时必须攻克的难题。第二，对学生小组合作交流的预设与组织也是思辨性情境创设时必须考虑的因素。小组的交流与合作是思辨性情境教学的重要环节，在与小组其他成员的交流与碰撞中，学生的思维会高度发散。在此过程中，既要保证通过小组交流，能够让学生以更自主的方式接近正确的认知，又要避免出现学生思维过度活跃而导致脱离知识、课堂等现象的发生。这就要求教师在情境设问的环节中充分考虑到学生的思维特点，设问应遵循由浅入深、由表及里、层层递进的原则，以此不断拓展学生的思维空间。此外，设问时还要充分考虑到初中学生的身心发展规律和认知水平。对问题的表述，在准确提炼问题实质的基础上，还应做到具体而准确，使学生能够明确自身需要解决的核心问题。只有这样，学生才能在思辨性情境中具备明确的思维方向和行动依据，从而逐层深入地推进对知识的批判性理解与辩证性认知。

（二）以核心素养发展为基准，确立情境创设原则

通过情境模拟，学生能够更好地将抽象的理论知识与现实生活相联系，从而提升他们分析与解决问题的能力，为未来发展奠定坚实基础。为确保教学效果，情境教学必须遵循以下基本原则：

1. 情境性与学理性相结合的原则

在初中道德与法治教学中，情境性与学理性相结合的原则强调通过生动的情境帮助学生更透彻地理解理论知识，同时确保教学内容的学理性，使学生能够在具体情境中深入思考和探讨相关的道德与法治问题。情境不仅仅是辅助教学的工具，还充当着桥梁的角色，将抽象的理论知识与学生的实际生活经验连接起来。通过情境的设计，学生能够直观地理解课程概念，进而提升智力与道德素养。情境中蕴含的道德和伦理元素，有助于学生在实际问题的解决过程中增强对社会规范和法律规定的认识。

然而，在情境教学中也存在一些潜在问题。若情境仅仅停留在感知层面，缺乏学理的提炼，学生可能仅对情境产生兴趣，无法深刻理解其中的知识点。在这种情况下，学生的理解可能仅停留在表面，未能真正掌握课程的核心内容。此外，过度追求情境的趣味性和热闹氛围，而忽视知识的系统性和深度，同样会导致学生对课程内容的理解不够全面。教学中的情境不应仅仅是为了吸引学生注意力，更要为学生提供深刻的思维和学习机会。因此，在情境教学中，实现情境与学理的平衡至关重要。过分注重学理性的教学可能使课堂变得枯燥，缺乏趣味性，降低学生的学习兴趣；而过于依赖情境的教学则可能使课堂内容流于表面，缺乏深度和系统性。理想的情境教学应当是情境性与学理性的有机融合。教师需要通过精心设计的情境，引导学生在实践中探讨理论问题，在体验中深化对抽象概念的理解。通过这种方式，学生不仅能够将理论知识与实际生活联系起来，还能够在情境中锻炼批判性思维，形成更加全面的认知。

　　为了实现情境性与学理性的平衡，教师必须避免情境与教学内容脱节。如果情境与教学内容缺乏紧密联系，学生的注意力就容易分散，教学效果也会大打折扣。教师应确保每个情境任务都与课堂知识相契合，帮助学生更好地理解知识，从而提升他们的思维能力，并培养道德素养。

　　2. 学生主体性与教师主导性相协调的原则

　　随着课程改革的推进，传统的教学模式面临许多挑战，尤其在情境教学中，教师和学生之间的互动变得尤为关键。过去的教育过于强调教师的主导作用，忽视了学生学习的积极性和主动性，导致课堂显得单调且缺乏活力。而将学生完全置于中心，忽视教师的引导作用，虽然能够激发学生的参与感，但可能导致学生对知识的理解停留在表面，影响其知识的积累和道德修养的提升。因此，如何在情境教学中有效平衡教师的主导性与学生的主体性，成为当今课堂教学中亟待解决的问题。

　　教师不仅仅是知识的传递者，而应该是学习的引导者和支持者。教师需要通过情境设计提供学习思路，帮助学生明确学习目标，并在学生遇到困惑时及时解答疑惑，引导学生找到正确的学习方向。同时，学生应在这一过程中充分发挥主动性，参与到知识的探讨和学习中，发展自己的思维能力与创造性。教师与学生之间的关系不应是单向的传递，而应是互动和合作。教师要创造条件，让学生主动思考，敢于表达自己的观点，并在此过程中逐步成长。

情境教学的目标是让学生在自然状态下学习与成长，强调教师和学生共同参与的过程。为了达到这一目标，情境设计至关重要。首先，情境必须紧密联系学生的生活实际。只有将学习内容与学生的日常经验和兴趣结合起来，才能激发他们的兴趣和探究热情。如果情境过于脱离学生的生活，学生便很难产生情感共鸣，也就难以激发他们的学习动力。其次，情境内容的难度要符合学生的认知水平，既不能过于简单，也不能过于复杂。适度的挑战性可以促使学生深入思考，同时避免因难度过大导致学生的学习兴趣下降。

　　教师的精准引导是情境教学中的关键。教师不仅要掌握学生的认知水平，还要敏锐洞察学生的情感变化，并及时调整教学策略。在情境教学中，教师需要通过提问、反馈和讨论等方式，帮助学生纠正认知误区，推动学生情感层面的提升。

第二节　议题式教学在初中道德与法治教学中的运用

一、初中道德与法治课的议题式教学认知

　　初中道德与法治课程的议题式教学旨在通过紧扣教学主议题，在多样化和复杂的教学情境中，推动学生核心素养的培育。在这一过程中，学生通过一系列具体的教学活动与任务，逐步落实和发展核心素养目标。议题式教学作为一种教学方法，主要通过创设真实的情境和问题导向，引导学生在探讨和解决问题过程中，培养社会适应能力、道德素养及法治意识等关键能力。

　　2022年，教育部在修订后的《义务教育课程方案和课程标准（2022年版）》中进一步细化了道德与法治课程的核心素养目标。该标准明确提出，学生在义务教育阶段学习道德与法治课程时，需要全面发展政治认同、道德修养、法治观念、健全人格与责任意识等核心素养。这些目标不仅反映了学生思想、道德、行为等方面的全面发展要求，还强调了学生在日常生活中的实际应用能力，旨在通过系统的教育教学活动，培养学生适应未来社会发展的能力，并最终帮助其成长为合格的社会主义建设者。

二、初中道德与法治课议题式教学的实施策略

（一）教师专业提升与教学有效实施

在初中道德与法治课堂中，教师的教学理念与专业素养对于议题式教学的实施和核心素养的培养具有重要影响。在这方面，青年教师具有独特优势，因其更容易接受新兴理念和教学方法，在对议题式教学的认同和应用表现出更高的积极性与探索精神。通过积极参与教学实践，青年教师能够更有效地推动议题式教学在道德与法治课程中的应用，进而促进学生核心素养的提升。然而，尽管青年教师在理论学习和实践探索方面具有较强动力，但实际教学中仍面临诸多挑战。教师的教学方法、课堂管理能力以及对学科内容的深入理解等方面，仍需在实践中不断改进和完善。

1. 明确素养要求，确保素养培育实效

在全球信息化背景下，学生能迅速获取大量信息，并且能通过不同渠道增强自己的知识储备。因此，教师需要不断提高专业素养，紧跟时事发展，以便在课堂中能够有效地引导学生。教师要理解并熟悉最新的课程标准，密切关注每一学年教材的变化，确保教学内容和时事热点紧密结合。只有通过深刻理解课程标准及核心素养的内涵，教师才能精准设计符合学生需求的教学任务，促进学生核心素养的培养。

新时代的教育改革对教师提出了更高要求，尤其在面对教学理念的转变时，教师需要树立终身学习观念，不断更新专业知识，提升教学能力。对于初中道德与法治课程而言，教师要有能力适应改革，灵活应对课堂中的挑战，提升课堂教学的实效性。议题式教学方法要求教师不仅具备专业知识和素养，还能够在教学过程中通过设计丰富多样的教学情境，帮助学生在实践中发展思维能力和解决问题的能力。然而，学生核心素养的提升并非一蹴而就，而是一个持续积累和发展的过程，通常通过量变推动质变。教师需要认识到，尽管这一过程是渐进的，但其成果是可评估的。因此，在议题式教学中，教师必须整合教学评价，确保其能够实时反映学生在核心素养方面的进展。

逆向教学设计的核心思想是教师应根据课程标准明确教学目标，然后设计相应的教学活动，并在设计中预设评价标准。在这一过程中，教学评价不再位于教学活动之后，而是融入教学设计的前期阶段，从而确保每一项教学活动都能有效促进学生核心素养的培养。教师可以根据课堂中学生对议题的

解决情况，及时调整教学策略，以提高教学效果，避免教学活动和核心素养目标相脱节，从而提升课堂教学的针对性和实效性。

2. 科学设置议题，主导课堂教学方向

在初中道德与法治课的议题式教学中，恰当的议题能够激发学生的学习兴趣和探究热情，引导学生通过知识的迁移与关联，完成一系列教学活动，从而在实践中构建新的知识体系，促进学生核心能力的培养。

（1）价值导向清晰，符合义务教育课程标准

面对复杂和快速变化的社会环境，学生需要具备能够应对社会变迁的各项素养。尤其在初中阶段，虽然课程的改革和教学方式的更新换代是必然趋势，但教育的根本任务与目标始终不能偏离。

在议题式教学的实施过程中，教师必须突破传统的知识本位教育理念，专注学生的核心素养发展。课程设计应当与时俱进，关注议题的价值导向，既要深化学生的政治认同、提高道德修养，又要帮助学生树立法治观念，促进其人格的健全发展。同时，要培养学生的责任意识。初中道德与法治学科的特性，要求教师在教学过程中，强化对学生正确价值观念的引导，积极融入社会主流价值观，确保学生能够在显性与隐性教育活动中形成符合社会发展要求的主流价值意识。教师在议题式教学中应注重社会主义核心价值观的引领作用，通过议题的设计与设置，引导学生在思辨中追求真、善、美，从而不断完善个人的价值观和人格。

初中阶段是青少年塑造正确思想观念的关键时期。此时，学生的身体发育接近成人水平，渴望摆脱家庭与学校的束缚，展现独特个性。与此同时，初中生正处于信息获取的高峰期，他们通过网络和同龄人接触到大量信息、思想和观念，这些外部信息容易影响他们的思维方式和价值体系。然而，由于青少年社会经验不足且接触到的信息复杂多样，导致他们往往缺乏有效的辨别能力，容易受到错误思想的影响。因此，初中道德与法治课教师在设计议题式教学时，必须注重发挥议题的价值引领作用，帮助学生通过对探究性议题的讨论和反思，塑造正确的价值观。

另外，简单的理论说教常常难以打动学生的内心，而议题式教学则能够通过与学生的思维碰撞，激发其主动参与和思考，从而提升其思维能力，帮助其树立正确的价值观。教师设置的议题不仅应具备明确性，还应具备可探究性，让学生在讨论和探讨过程中，逐步构建和完善自己的价值体系，进而

提升核心素养水平，这样学生便能够在实践中将所学知识与生活经验相结合，形成对社会、他人、自身的正确认识，并为未来成为合格的社会成员打下坚实基础。

（2）坚持学生主体，符合初中学生认知水平

议题式教学作为一种有效的教学方法，其核心特点在于"议中学"，即围绕具体议题展开一系列教学活动，推动学生在探究过程中完成知识建构，从而提升学生的核心素养水平。在初中道德与法治课的议题式教学中，议题的设计至关重要，必须充分考虑学生的实际情况和发展需求，确保学生能够在议题的引领下参与教学任务，实现知识获取和能力提升。成功的议题式教学依赖教师精心设计的议题，这些议题既要符合学生的认知水平，又要激发学生的兴趣和探究欲望，从而促进其核心素养的发展。

在议题式教学的设计过程中，教师应坚守学生的主体地位，确保议题的设置能够贴近学生的兴趣和实际认知能力。如果教师未能充分考虑学生需求，议题的设置可能导致学生无法产生足够的参与动机，进而影响课堂教学的实效性。若议题过于简单，学生可能缺乏兴趣，认为探究活动没有价值；若议题过于复杂，学生则可能因知识储备不足而无法开展有效探究。无论是哪种情况，都会导致学生对议题丧失兴趣，影响课堂核心素养目标的达成。因此，教师在设计议题时应遵循建构主义学习理论，留有足够的思考空间，使学生能够在议题的探索中深化认知、挑战固有观点，并在此过程中提升自己的思维能力和核心素养。

然而，传统的"知识本位"教学模式常使教师在议题设计时过于注重知识的传递，而忽视了学生作为课堂主体的重要性。在这种情况下，议题往往局限于知识的内涵与概念，难以激发学生的思维碰撞与深入探讨。因此，教师在设计议题时应摒弃单纯的知识传授性议题，转而构思能激发学生思维的高质量议题。教师应尊重学生的主体地位，设计出能够挑战学生认知体系的议题，鼓励学生在思辨中探索新的知识，培养其批判性思维和创新能力，进而帮助学生实现初中道德与法治课程的核心素养目标。

在设计议题时，教师还需遵循以下具体要求：

首先，议题设置的背景要真实且客观。初中阶段的学生正处于认知能力快速发展的时期，他们对虚假和臆造的背景材料缺乏信任，这种不真实的材料既难以吸引他们的注意力，也无法激发其参与的热情。虚假背景的议题不仅容易导致学生思维偏离正轨，还可能误导学生对道德与法治学科的理解。

为了确保议题具有吸引力，教师应积极引入社会热点问题，尤其那些贴近学生生活和思维方式的时事话题，这不仅能够激发学生的兴趣，还能够提升课堂的时效性和现实性。不过，教师在选择社会热点时应注意，热点话题必须契合初中道德与法治课程的核心素养目标，确保其有助于提升学生的核心素养。同时，教师还需要考虑学生的认知水平，确保议题的难易程度适宜，避免因学生对议题的分析不透彻而产生误导。

其次，议题的设计必须真实。教师在选择议题时，应立足学生普遍的认知水平，确保议题既不超出学生的实际能力范围，又能够激发他们的探究兴趣。每个班级的学生在认知能力上有一定相似性，因此，教师可以根据班级学生的特点来设计符合大多数学生认知水平的议题，避免过于宽泛或狭窄的议题设置。真实的议题能够帮助学生在参与讨论和探讨过程中，夯实知识基础，并通过对问题的深入理解，提升其思维能力和问题解决能力。

3. 营造真实情境，科学推进教学进程

在开展初中道德与法治课的议题式教学时，创设真实而复杂的教学情境是推动课堂教学、落实学生核心素养目标的关键因素。教学情境不仅能够调动学生的兴趣和参与热情，还能够通过将理论知识与实际生活紧密结合，激发学生深入思考，促进学生对道德与法治学科价值的深刻理解。教学情境的有效性直接影响着课堂教学的实施效果，尤其在议题式教学中，情境的创设更是课堂取得成功的基础。

教学情境不仅应具备真实性与复杂性，而且要符合学生的认知发展规律。初中生的认知发展水平决定了他们对情境的感知能力，因此，情境设计必须与学生的心理特点和知识水平相匹配。教师在创设情境时，应确保情境内容能够吸引学生的注意力，促使他们积极思考。通过在教学中融入真实的、富有挑战性且多样化的情境，学生可以在与实际生活相接轨的过程中，深化对社会、法律、道德等问题的理解，进而激发他们主动探究议题的兴趣。

情境设计不仅要基于学科任务和核心素养的培养目标，还要保证与教学内容和学生实际能力相适配。教师在进行议题式教学设计时，应将核心素养作为教学的核心出发点，避免陷入单纯的知识传授模式。为此，教师应借鉴逆向教学设计理念，即先明确教学评价目标，再根据这些目标选择适当的知识进行情境创设。通过这种设计方法，教师能够确保情境的创设切实指向学生核心素养的发展，避免教学过程中对知识的偏重而忽视学生能力的培养。

真实的教学情境不仅仅需要具备事实上的真实性，还需要具备逻辑上的真实性。情境中所呈现的事件或问题应当源于学生的实际生活和社会热点，避免出现过于荒唐和离经叛道的内容。只有真实、具有教育意义的情境，才能让学生感受到学习的现实意义，进而促使他们在课堂中积极参与、深入思考。教师应根据学生的实际认知水平，选择符合其生活经验和思维方式的情境用于教学，同时通过合理引导，帮助学生从中发现问题、思考问题并解决问题。

情境的设置应简洁明了，避免过于复杂和冗余的信息。课堂上的情境不应过于繁琐或包含无关内容，否则容易分散学生的注意力，使学生偏离对教学目标的关注。教学情境应围绕学习目标开展，确保学生能够在较短时间内集中精力解决问题，从而提高课堂教学的效率和质量。同时，随着学生学段的提升，情境创设应具备层次性。教师需要根据学生的认知发展和思维水平，适时调整情境的复杂度，使其能够挑战学生的思维深度和广度，促进学生在思维层次上得以进步。

4. 趣味活动设计，激发学生学习热情

在议题式教学中，教师不仅设计了小组探讨、情境模拟等能够促进学生进行实践操作的显性活动，还特别注重隐性思维活动的培养。隐性活动包括学生在教学过程中积极思考、运用批判性思维与发散性思维等方式发现问题、建构知识并解决问题。通过将显性与隐性活动相结合，不仅能提升学生的实践操作能力，还能促进其多维度思维能力的发展，进而实现初中道德与法治课程对学生核心素养的培养目标，增强教学效果，助力学生的全面成长。

在议题式教学活动的设计中，小组合作探究讨论是一种常见且重要的教学形式。学生通过交流、知识输出与观点碰撞，激发了不同的思维火花，进一步深化了对知识的理解与掌握。在知识输出的同时，学生也不断提升自身的综合素质。然而，在小组合作探究过程中，教师的引导作用不可或缺。教师需通过细致观察每个小组的表现，关注每个成员的具体参与情况，及时给予反馈与指导。这样不仅能够帮助学生不断改进与提升，还能够鼓励他们在此过程中取得积极进展。同时，教师应避免部分学生在合作探究过程中出现懒散思考、消极参与的现象，防止其依赖他人的成果，确保每个学生都能在团队合作中有所收获。

情境模拟再现作为议题式教学中的一项重要活动，能够迅速吸引学生的注意力，激发他们的学习兴趣。具体而言，情境模拟再现指的是学生通过角色扮演或还原社会情境等方式，在课堂中进行生动且富有互动性的活动。参与情境模拟的学生会因为需要充分展示自我而增强主观能动性，积极响应教师的要求并投入教学活动中。由于情境模拟与传统的文字阅读、图片欣赏或视频观看等教学形式有所不同，且学生往往是在熟悉的同学间展现不熟悉的社会情境，观摩这一过程的学生也会产生较强的好奇心与求知欲。这种互动性较强的活动方式能够极大地增强学生的课堂参与感，使其更容易融入教学过程中，并在情境模拟中完成相关任务，从而提升议题式教学的实效性。

在议题式教学的实施过程中，教师应根据学生的兴趣设计多元化的教学活动，如项目式学习、结构化学习、研究性学习等，倡导"输出式"学习方式，鼓励学生通过表达与交流来深化对知识的理解。这种教学策略不仅能引导学生参与课堂活动，还能通过深度学习进一步拓展知识的广度与深度。通过多样化的活动形式，教师能有效促进学生的积极参与，提升课堂互动性，从而更好地激发学生的学习潜力，促进其综合素养的发展。

5.明确任务指向，提供合理学习指导

在初中道德与法治课的议题式教学过程中，教师承担着推动教学有序进行的重要职责。学生活动与情境探究始终围绕着议题式教学的任务展开，这些任务在不同层次上体现了学生知识经验的输出和高级输出。其中，知识经验的输出表现为学生能够运用所学知识进行基本的论证和问题解决；而高级输出则要求学生将所学知识与已有经验综合运用，展现出更高层次的思维能力和综合素养。这种任务设置不仅推动了学生的认知发展，也对其核心素养的提升产生积极影响。

之所以在教学设计中引入逆向教学理念，强调结果前置，是为了确保教师的教学设计能够精准对接课程目标与评价标准，而非单纯注重课程内容的完成。在传统教学中，教师往往忽视了"学生学得如何"这一关键问题，更侧重按计划推进教学进度。而逆向教学设计则提醒教师在制订教学计划时要从学生核心素养目标出发，明确教学的逻辑主线，设计教学任务时充分考虑学生的认知水平和已有经验，合理选择教学内容与资源。这一过程的核心在于使任务设置与学生的核心素养目标之间形成紧密联系，从而提升教学实效性。

初中道德与法治议题式教学的任务设计必须具备明确的指向性、连贯性与挑战性。教学任务应围绕学生核心素养目标进行层次化设计，且任务之间呈递进关系，使学生在完成各项任务时逐步实现知识经验的输入、输出和高级输出。若任务设计过于简单，学生的体验感和成就感将受到限制，难以有效促进其核心素养的提升。因此，教师应设计稍高于学生现有能力水平的任务，使学生在教学中经历更高阶的思维挑战，在探索任务时实现知识的深度内化和能力的综合提升。

在议题式教学中，教师应注重情境创设的多样性与复杂性，使学生能够在具体情境中运用所学知识解决现实问题。通过真实、复杂的情境，学生能够更好地理解道德与法治学科的育人价值，并积极参与课堂教学，进一步推动核心素养目标的落实。情境的有效创设不仅提升了学生的学习兴趣，还增强了他们的实际问题解决能力，从而更好地培养学生的综合素养。此外，教师在议题式教学过程中，还需要根据学生的知识经验能力差异进行合理指导。在知识经验输入阶段，教师应面向全体学生，提供丰富的资源支持，引导学生收集和共享相关资料，优化资源配置，帮助学生克服资源不足带来的困难。而在知识和经验的输出以及高级输出阶段，教师应根据学生不同的能力进行分层次指导。对于知识基础较弱的学生，教师应帮助他们完成基础任务，并及时给予支持与鼓励，促进其能力逐步提升；对于知识水平较高的学生，教师应注重引导他们进行高阶思维训练，帮助其提升分析与解决复杂问题的能力；对于中等水平的学生，教师则应鼓励他们挑战更高难度的任务，锻炼其在复杂情境下的知识综合运用能力。

（二）学生主动学习与思维能力提升

初中道德与法治议题式教学的实施要求教师具备较高的专业能力和综合素养，以便开展科学合理的教学设计，同时需要学生作为课堂主体积极主动地参与教学过程。根据现有的实践经验，初中学生思维活跃，具有较强的自我表达意愿，议题式教学为其提供了展示自我和思维碰撞的良好平台。

1. 强化思维训练，促进学生高阶思维发展

在初中道德与法治的议题式教学中，学生思维的训练及高阶思维的培养至关重要。若学生长时间处于被动接受知识的状态，课堂的核心素养目标便难以落实。因此，教师在教学过程中必须注重激发学生的内驱力，引导学生树立问题意识和质疑精神，为学生提供主动参与和深入思考的机会。有效实施议题式教学，必须拓宽学生视野，创造条件培养学生的高阶思维。

首先，学生的学习过程不仅限于课本内容的吸收，而是应通过合作、交流和分享等方式形成综合素养。初中道德与法治教师应创造多样的学习机会，让学生通过社会实践、书籍、网络资源等途径，更加深入地了解社会，观察生活中的各种现象。在此过程中，教师应鼓励学生关注与学科相关的问题，帮助学生形成发现问题的意识，进而培养学生的问题解决能力。这一阶段的学生需要通过观察与思考，主动发现问题，积极参与议题式教学探究，为思维发展打下坚实的思维基础。

其次，教师应注重培养学生的批判性思维和发散性思维。批判性思维能够帮助学生深入分析问题、辨析不同观点，进而形成独立的判断；发散性思维则能使学生从多个角度思考问题，拓宽思维边界。在教学过程中，教师应引导学生大胆提问、敢于挑战现有的观点和权威。通过教师的启发与指导，学生不仅能够提高观察力和表达能力，还能依据自己的知识和逻辑梳理出问题的关键要素，进一步推动对问题的深入探讨。尤其在面对自己提出的疑问时，学生的探索兴趣通常更浓厚，探究过程也更为高效和专注，从而促进学生的能力发展和思维进步。

最后，议题式教学往往基于学生日常生活中的时事热点，教师可以通过现实问题引导让学生更好地理解课堂内容，进而培养学生的批判性思维与社会责任感。教师应鼓励学生在课堂中提出疑问并进行质疑，同时为学生提供表达的空间，培养学生质疑的习惯。教师应强调有序且富有逻辑的质疑，而非压制学生提问，保持学生的探究兴趣和主动性。

2.提升探究能力，实现学科育人目标

在当前初中道德与法治议题式教学的实施过程中，要切实提高核心素养培养的实效性，因此，学生的积极参与至关重要。然而，学生实践探究能力不足往往成为制约其深入参与课堂建构的主要因素。因此，教师必须通过设置学生感兴趣的议题，引导学生积极投入课堂学习探究活动中，以促进学生实践探究能力的提升。在此过程中，学生通过问题的引导，不仅能够激发其思维，还能够在实际问题解决时不断积累知识和经验，进而推动核心素养的提升。

首先，在议题式教学中，如果学生的知识基础较为薄弱，或缺乏相关的生活经验，他们在面对相关议题的探究时不仅难以进行深度思考，也无法有效推动教学活动的进行。为此，初中道德与法治教师必须特别重视学生阅读习惯的培养。阅读不仅是学生获取知识的重要途径，更是培养其高阶思维能力的基础。通过阅读，学生能够迅速整合大量信息，提取出对自己有用的内容，进而为后续的探究打下基础。教师应鼓励学生通过阅读积累知识、拓宽视野，帮助学生掌握搜集信息、整合知识的能力，为其在课堂探究中提供强有力的支持。

其次，教师应积极创造条件，推动学生通过社会实践活动获取更多书本上难以涉及的知识。通过组织学生参观博物馆、美术馆、法院等与道德与法治相关的社会机构，既能拓宽学生的视野，也能增强学生的社会实践能力。实践活动不仅使学生积累了更丰富的社会知识，也为学生提供了观察和分析实际问题的机会。教师应在这一过程中鼓励学生提出问题，培养其批判性思维，并通过撰写学习参观日记或调研报告等形式，提高学生的观察与分析能力。

最后，社会实践活动对学生探究能力的提升具有深远影响。凭借扎实且丰富的社会知识储备，学生在课堂议题探究环节中，能够更加积极主动地参与其中，提出更具深度与价值的见解。教师应通过组织多样化的实践活动，逐步提高学生的信息整合与分析能力，使其在议题式教学中拥有更强的行动力。在这一过程中，学生不仅能够提升探究能力，还能够在道德与法治学科中获得更多的获得感与幸福感，从而更加积极地参与课堂活动，提升自我能力。

（三）构建和谐师生关系，促进生生互动

为有效促进学生核心素养的培养，教师必须树立以学生为主体的教学理念，尊重每个学生作为独立个体的独特性，注重其人格发展、情感需求及社会责任感的养成。在这一过程中，教师应密切关注学生的成长，尊重其独立性和自尊心，为其创造一个积极、互动的学习环境，进而提升学生在课堂中的参与度和思考能力，最终促进其核心素养的提升。

教师需构建一个有利于师生互动和生生互动的教学平台，营造愉悦融洽的课堂氛围。通过和谐的师生关系以及生生之间的友好合作，学生能够在课堂中感受到更多的支持与理解，进而激发其主动参与议题探究的兴趣。教师通过营造开放、平等的交流氛围，鼓励学生在课堂中表达自己的见解，形成积极活跃的课堂互动，进而提升学生的思辨能力和社会责任感。

随着信息技术的快速发展，信息化教育逐渐成为现代教学的重要组成部

分。在这一背景下，初中道德与法治教师应积极运用信息技术手段，提升课堂的互动性和趣味性。通过信息技术的支持，教师可以使议题的探索变得更加便捷和有趣，同时为学生提供更丰富的学习资源和更高效的学习工具。这不仅能够让学生在更加平等、和谐的课堂氛围中学习，还能够在新旧思维的碰撞中激发学生的创新思维，培养其综合能力。

在初中阶段，学生的交友观念较为简单直接，但这一时期的友谊对其一生的个人成长具有深远影响。作为道德与法治课程的重要组成部分，教师应引导学生树立正确的友谊观，尤其在课堂中的互动和辩论环节，帮助学生理性处理与同伴之间的不同意见与分歧。教师应鼓励学生在辩论和讨论中保持理性，避免因观点对立而影响班级的和谐氛围。此外，通过组织多样化的班级活动，如运动会、帮扶小组等，增强班级的凝聚力，提升学生之间的友谊和团队合作精神。通过这些活动，学生能够在实际互动中增进对彼此的理解，培养相互尊重和支持意识，进一步促进班级氛围的和谐发展。

第三节 案例教学法在初中道德与法治教学中的运用

在义务教育阶段，思政课所采用的案例教学法应更加注重展现道德与法治课程的政治性、思想性、综合性与实践性，充分发挥其在初中阶段思政课程中的独特作用与魅力，促进学生的全面发展与思辨能力的提升。

一、初中道德与法治教学中运用案例教学法的可行性

随着义务教育课程改革的推进，案例教学法在初中道德与法治教学中愈加受到重视，获得了师生的一致欢迎和好评。究其原因，正是因为案例教学法满足了道德与法治教与学的实际需要。下面从以下三个方面对案例教学法在道德与法治教学中应用的可行性展开论述：

（一）契合初中生的心理与认知发展

道德与法治课堂中的案例教学法依托生动的案例活动，通过引导学生独

立思考、分析案例以及小组讨论等环节，致力于激发学生的主动性和创造力。在教学过程中，教师不仅需要鼓励学生表达个人观点，还需要提供及时有效的反馈和指导，帮助学生吸纳他人见解，共同探索解决问题的方案。此教学法通过将抽象的教材内容具体化和形象化，不仅提升了课堂的趣味性，还满足了学生的学习需求，尤其符合初中生的心理和认知特点，因而受到广泛欢迎。

初中阶段的学生正值青春期，情绪波动较大，但其独立思考能力和判断能力相比小学阶段有了显著提升。[①] 在这个特殊时期，初中生的心理和认知发展表现出两个明显特点：其一，思维活跃，表达欲望强烈，但由于学识和社会经验不足，他们的观点和理解可能存在偏差；其二，自主意识逐渐增强，但其认知活动的自觉性仍显不足。案例教学法正是通过结合学生的认知和心理特征，将教学内容与学生实际经验紧密联系，使学生在情境中得到思维和能力的双重锻炼。在案例教学法的应用中，学生是学习的核心，教师的角色则转变为引导者和促进者。在教师的适时引导下，学生能够在开放式问题情境中积极探究、合作、表达，并通过小组讨论形成共识，塑造正确的观念、能力和品格。

（二）契合教材内容的设置及特点

现行初中道德与法治教材在编写与修订过程中，凝聚了各方专家的努力，其整体结构仍以"单元、课、框题、目题"的形式呈现。在内容安排上，教材更加贴合学生的现实生活，注重从学生已有的生活经验出发，增强教材的实用性与互动性。每一框目不仅包括"运用你的经验"和"探究与分享"板块，鼓励学生根据个人经验进行表达与分享，还通过"阅读感悟"引导学生拓展经验，通过"相关链接"加深学生的理论理解。此外，"方法与技能"栏目强调行动策略，引导学生将知识应用于实际，推动学生从理论学习走向现实操作。在每个单元或章节的末尾，教材还设计了"拓展空间"，通过习题进一步拓宽学生的知识领域，鼓励学生在课堂学习的基础上进行更多的实践探索。这些设计有效促进了课堂与生活的紧密结合，有助于学科理论与学生实际经验的深度融合。

---

① 李晓东.初中道德与法治课程的内容结构及其实施［J］.思想政治课教学，2022(9)：4-8.

在教学过程中，应用案例教学法不仅能够合理利用教材中的经典案例，还能够通过案例与知识点的有机结合，帮助学生更好地理解并吸收教材内容。通过小组合作和案例分析，学生能够深化对法治理念的理解，提高思想道德水平，从而推动核心素养的培养。案例教学法的使用能够让学生在具体的现实情境中进行思考，培养他们的批判性思维和解决实际问题的能力，进一步强化教材的教学效果。

此外，应用案例教学法还具有弥补教材在"时代感"方面不足的优势。虽然现行教材中的一些经典案例具有教育意义，但可能未能完全反映新时代的社会变迁和学生生活中的现实问题。通过引入新的案例，教师能够更好地契合课程的要求，帮助学生在与现实生活更紧密的联系中理解和掌握道德与法治知识。

（三）契合道德与法治课程要求

道德与法治课堂应注重案例教学，鼓励学生通过典型实例的探究与讨论，促进学生的思考并深度参与课堂。课程实施的核心理念强调学生的主体地位与主观能动性，旨在通过道德与法治课程的学习，培养学生的核心素养，反映新时代教育要求，关注学生的生活世界，不仅为道德与法治课程的教学发展指明了新方向，也对传统教学模式提出了挑战。

案例教学法的应用契合了道德与法治课程教学的要求。通过案例教学，教师从知识的传递者转变为引导者，不再单纯地灌输知识，而是通过设计和选择与学生生活密切相关的案例，引导学生主动思考，参与讨论，表达个人观点。在这一过程中，学生不仅能够在实际案例中运用课堂所学的理论知识，还能够根据自身经验和社会实践进行分析，从而提高其解决问题的能力，培养批判性思维和创新能力。

案例教学法的应用不仅能够促进学生对道德与法治知识的深刻理解，更能够激发学生的自主学习与探究精神。通过案例分析，学生在解决实际问题过程中，能够逐步构建较为全面的核心素养，包括道德判断能力、法治观念、社会责任感等多个方面。教师通过引导学生开展合作讨论和思维碰撞，既能激发学生的学习兴趣，又能推动学生在实践中深化理解，提升综合素质。

二、初中道德与法治教学中运用案例教学法的价值

案例教学法的应用有效促进了道德与法治课程与学生生活的紧密联系，

优化了课堂探究活动，落实了核心素养的培养。通过案例教学，能够实现理论与实际案例的有机结合，处理好理论传授与启发式教学之间的关系，既避免了单纯的"灌输式"教学，又能通过实际案例激发学生的思维，推动学生在探索和反思中深化对道德与法治知识的理解，从而实现教学目标的有效达成。

（一）强化课程与生活的紧密联系

在初中道德与法治教学中，案例教学法的运用最为显著的优势在于能够有效加强课程与学生生活的衔接。尽管初中道德与法治课程内容具有较强的综合性，但通过遵循生活性原则，结合教学目标、课程内容及具体情况，选取相关的教学案例，便能大幅降低学生在理解和综合运用知识方面的难度。尤其通过与学生生活经验的紧密结合，教师能够引导学生在案例中发现生活中的真实事件，帮助他们进行观察、辨别与思考，从而使学生在实践中更好地掌握道德与法治的核心理念。

应用案例教学法的关键在于充分调动学生已有的生活经验，借助学生熟悉的事件与情境，促进学生对生活现象的观察与分析。通过这种方式，学生不仅能够更好地理解道德与法治课程的理论知识，还能够在课堂讨论与活动中获得宝贵的思考和实践机会，从而培养分析问题、解决问题的能力。同时，教师适时的引导和深度分析也能激发学生的探究兴趣和道德与法治思维，帮助学生在学习过程中逐步培养成严谨的思维方式和正确的价值观。

此外，通过案例教学法，学生能够将生活中的具体事例引入课堂，进行更为深刻的思考与讨论，形成对道德与法治理念的实际理解。这种从生活中获取灵感并结合课堂学习的方式，能更好地培养学生的道德感知与法律意识，有助于其逐步形成正确的道德判断和行为规范，进一步提升其社会责任感和公民意识。

（二）优化课堂探究活动的设计与实施

课程方案明确提出，教学应在素养引领下强化学科实践，鼓励学生参与探究活动，亲身经历发现问题、解决问题以及知识建构与运用的过程。核心素养导向下的教学要注重活动性、实践性，并引导学生以自主、合作的方式进行实践探究。基于此要求，结合道德与法治学科的特点，可以通过应用案例教学法生成学科理论知识，借助活动探究深化学生对学科的理解与感悟，从而发挥学科实践在育人过程中的独特作用。

应用案例教学法能够有效优化课堂的探究活动。通过引入真实的生活案例或社会案例情境，将承载核心素养的课程内容与教学活动有机结合，使学生在具体的案例分析与讨论中得到锻炼。这一教学方法不仅能够科学地引导学生进行案例分析，还能够在教学过程中展现道德与法治课程的精髓，提升课堂教学的实效性。通过案例教学，教师能够有效避免形式化的探究误区，帮助学生深入理解知识的内涵，激发学生的探究兴趣和思维能力。

案例教学能够改善传统课堂中探究活动形式化和浅表化的问题，推动学生自主、合作、探究的深度发展。通过对具体案例的分析与讨论，学生不仅能够学会如何运用知识解决实际问题，还能够提高思辨能力、批判性思维能力以及合作能力。案例教学的实施使探究活动真正服务于学生的学习过程和核心素养的培养，从而实现教学质量的提升和学生综合素质的全面发展。

（三）促进课程核心素养的有效落实

道德与法治课程不仅是国家育人目标的具体体现，也是该课程独特育人价值的集中展现。课程中的五个核心素养相互交融，彼此有所侧重，且不可替代。由于这些素养的培养需要较长时间的积累和实践，教师无法在短期内直接将其"教"给学生。学生作为学习主体，需要通过一定周期的学习实践，逐步领悟并形成这些素养。因此，核心素养可以通过培养和学习获得，关键在于教学方法的适当转变。

要实现核心素养的培养，必须摒弃传统的知识"灌输式"教学模式。教师不应仅着眼教材内容的传授，而是应转变教学的出发点和落脚点，注重引导学生积极参与，激发其内在的学习动机和思维活力。学习的关键在于学生是否能真正投入其中，亲身体验和感悟，只有当学生的学习真实发生时，核心素养的形成才会得以实现。

案例教学法在道德与法治教学中的应用恰恰满足了这一要求。案例教学法兼顾学科理论知识的传授和学生日常生活的关联，有助于推动学生终身可持续发展的进程，体现了核心素养的科学性。在案例教学法中，教师通过挑选具有现实意义的案例，将学生带入真实情境，引发其深入思考和探索。这种方式不仅提高了学生的参与度，还促进了学生的合作讨论，使学生能够在案例分析中充分发挥主体作用。

案例教学法强调学生的自主探究和自我体验，教师的角色更多的是引导者，通过适时的指导和反馈，帮助学生实现自我发展、自我超越和自我提升。

在这种教学过程中，学生不仅能在情境中体验学习，还能通过探究和讨论逐步完善自己的道德与法治素养。

三、初中道德与法治教学中运用案例教学法的原则

（一）方向性原则

在教学实践中，教师在应用案例教学法时，必须坚持课程的政治性方向，确保教学过程与政治导向相一致。

首先，教师应坚持铸魂育人的根本任务，将道德与法治课堂作为培养学生人生观和价值观的重要阵地。通过案例分析和讨论等教学活动，教师不仅要引导学生认识并理解道德与法治知识，还应帮助学生树立正确的社会责任感、法治意识和道德规范，确保学生在课程中做出理性、科学的价值选择。道德与法治课的核心目标是使学生在不断思考与探讨中，形成正确的社会认知和价值判断，因此，在教学过程中，必须明确传递课程的育人价值，聚焦学生思想品德的塑造。

其次，教师应坚持正确的政治方向。在社会主义基本方针的指导下，教师应通过案例教学，适时启发学生，帮助他们牢固树立"四个意识"，坚定"四个自信"。通过合理选择案例素材，精心设计教学问题，教师能够引导学生在讨论中认识社会问题、思考政治立场、确立人生价值观。教师要将政治理论的导向贯穿在教学的每一个环节，确保学生不仅能够掌握知识，还能够从中获得政治认知，培养良好的政治素养。

最后，教师应始终坚持正确的理论方向。在案例教学过程中，教师应当坚持中国特色社会主义理论体系的指导地位，并将其融入课堂教学中。在选取案例内容时，必须确保其符合真实、准确、科学的要求，尤其要紧密贴合习近平新时代中国特色社会主义思想，推动学生在实践中认识到这一理论体系的现实意义和实践价值。

（二）主体性原则

坚持主体性原则，在应用案例教学法时，将学生视为一个完整的生命个体，突出学生的主体地位，充分发挥其主观能动性，让学生积极参与知识的构建和素养的内化。道德与法治课程核心素养的培养，离不开学生的主体性发展，因而将学生作为学习的中心不仅是课程实施的根本要求，更是其育人属性的体现。

落实核心素养培养是道德与法治课程的首要任务。核心素养是学生逐渐形成的品格和能力，只有通过学生的学习活动才能得以培养。因此，将学生置于以核心素养为引领的案例教学中，是道德与法治课程的重要价值所在。核心素养的培养并非一蹴而就，而是循序渐进的过程，需要通过学生不断实践和反思来实现。

实施主体性原则要求教师深入调研学生现阶段的认知发展规律和素养需求。这一调研的基础在于对学生的个体差异进行全面了解，明确他们在认知、情感及行为上的发展特点。教师需要结合具体课程内容和素养培养要求，设计符合学生水平的教学活动，选取与学生生活紧密相关的案例素材。这些案例不仅要满足新课标的基本要求，还要具备适当难度，既能激发学生的兴趣，又能挑战他们的思维深度。同时，案例问题的设置要围绕学生的认知困惑和情感需求展开，以促进学生有效提升认知能力和情感理解。

了解学生学习的规律和表现是实施主体性原则的重要前提。教师应通过细致观察和多维度调查，准确把握学生的学习特点与需求，从而更好地引导学生在课堂中展开自我探索和合作讨论。学生的情感变化与认知进展需要教师的充分关注，教师应根据学生的表现灵活调整教学策略，确保每个学生在课堂中都能充分参与、积极思考，实现情感与认知的双重提升。在这个过程中，教师的角色不仅是知识的传授者，更是学生学习和思考的引导者。

根据学生的学习基础和个性化特点设计教学，确保教学内容与形式贴近学生的生活实际。每个学生在成长过程中都具有独特的基础和特征，教师应尊重这种差异，采用差异化的教学策略。个性化教学不仅能够帮助学生在其认知能力和情感发展方面得到更好提升，还能够激发学生自主学习的兴趣，从而推动每个学生在课堂教学中的积极发展。教师应设计有针对性的教学活动，促进学生在独立思考与合作探究中不断提高自身的核心素养，确保每个学生都能在课程中充分发挥个人潜力。

（三）生活性原则

生活性原则要求在道德与法治教学中始终以学生的生活为基础组织案例教学，强调从学生的生活经验和现实情况出发，精选与学生生活密切相关的情境和内容用于教学。在新课程改革的背景下，生活性原则成为初中道德与法治课堂应用案例教学法时不可或缺的基本准则。初中学生的认知水平尚处于发展阶段，抽象的逻辑思维尚未形成，因此，通过将现实生活中的案例情境引入教学，能够帮助学生在更贴近实际的情境中理解和运用知识。在合作与讨论时，学生不仅能够掌握知识，还能够通过体验和思考，将知识转化为实践能力。

在坚持生活性原则的同时，必须注意平衡知识与生活之间的复杂关系，确保学科逻辑和生活逻辑的统一。这不仅要求教师在选取案例时把握好教育内容的深度与广度，还要求所选案例与学生生活紧密联系，同时能够引导学生正确认识和处理社会现实中的道德与法治问题。

在新课标的指导下，生活性原则的坚持尤为重要，主要体现在以下方面：①案例教学应紧密植根学生的生活经验，寻找学科知识与现实生活的结合点。教学内容应与学生的实际生活经验相关联，通过挖掘具有教育意义的政治、经济和文化案例，促进学生的全面成长。将生活经验与学科知识有机结合，能够使学生在具体情境中深入理解知识，增强课堂教学的意义和课程的实际价值。②案例内容的选择必须符合学生的实际需求，具有实际的指导意义。在教学过程中，既要从学生的日常生活中提取相关知识，将生活融入教材内容，又要确保学科知识与学生生活经验的统一性。教学不仅要关注知识的传授，更要注重知识对学生实际生活的指导作用。通过创设真实的案例情境，为学生搭建解决现实问题的平台，增强教学的实践性和针对性。通过这种方式，课程的教育价值得以实现，学生的核心素养也能够在解决实际问题过程中得以提升。

四、初中道德与法治教学中运用案例教学法的策略

（一）教学目标设定策略

1.以课程核心素养为导向，明确教学目标

道德与法治课程的教学目标应以核心素养为导向，将其作为教学目标的起点与归宿，确保教学活动有明确的核心素养指向，最终实现学生全面素质的培养。然而，在传统教学实践中，三维教学目标往往被孤立看待，各自独立呈现，导致学生在核心素养培养和学科育人价值的实现方面，未能获得有效促进。为了解决这一问题，教学目标应从三维目标转向以核心素养为核心的目标体系，整合各维度内容，将有限的时间与精力集中于核心素养的培育。

新课标在设定道德与法治课程的核心素养时，明确指出这些素养是知识与技能、过程与方法、情感态度与价值观的整合。三维目标与核心素养目标

并非截然分开，而是相互关联、相互支撑。具体而言，核心素养的每一个要素都应涵盖三维目标中的维度。因此，在核心素养导向的教学目标设定中，三维目标依旧占据重要地位，但它们不再孤立呈现，而是构成核心素养目标的桥梁和基础。

基于此，教师在设定教学目标时，应突破传统的三维目标思维框架，摒弃"为了知识而教学"的狭隘视角，转而关注"基于知识的教学"，将知识传授与能力和价值观的培养有机结合。在过去的教学实践中，三维目标常常存在彼此割裂的现象，课堂教学过于注重知识的传授，而忽视了学生能力、情感态度以及价值观的培养，致使学科育人功能未能有效发挥。因此，教师需要打破这一局限，从全局出发，关注三维目标的有机整合，使教学目标更加符合学生全面发展的需求。

教师需要实现从"知识传授"到"能力发展"的转变，重视学生学习过程中的自主探究、价值判断与方法应用等维度的培养，确保学生在知识掌握的基础上，获得更为全面的能力与素养提升。通过这种整合，既避免了三维目标与核心素养目标的割裂，又突出了学科育人功能的核心地位，确保学生在道德与法治课程中获得更为深入的思想政治教育。

2. 深入研究课程要求与教材，确保目标的科学性

在课程要求的指导下，初中道德与法治课程的教学目标设定呈现出更加明确的方向性和系统性，着重以培养核心素养为导向。与以往侧重三维目标或高中政治学科核心素养目标的设定方式不同，课程要求通过明确的五大核心素养框架来指导教学目标的设计。在此背景下，初中道德与法治教师需深入理解并切实贯彻课程要求，结合不同学段的课程标准，重新审视道德与法治课程的教学目标，确保上下学段的课程紧密衔接、目标精准对接。

教学目标的设定需要精准定位。在课程要求的指导下，初中道德与法治课程的教学目标应根据学生的认知发展特点、课程特点以及学段要求来进行科学设计。教师应全面考虑课程螺旋式上升的结构特点，避免盲目拔高或降低目标的设定，确保目标与学生的学习实际相匹配。因此，在设定教学目标时，应把握学生的最近发展区，即依据目前学生的认知和能力水平来设计教学内容，以确保教学目标具有切实的可操作性和针对性。

教学目标的表述应具体明确，避免笼统的目标设定。在确保教学目标政治立场鲜明、价值导向清晰、知行要求明确的基础上，目标的表述需要具体

化，具有清晰的行为标准和学习表现要求。这不仅有助于教师在教学过程中合理评估学生的学习状态，还可以为衡量学生的学习成果提供明确标准。具体的教学目标能够引导学生在明确的方向下展开学习，并使教师能够在教学实施过程中有效监控学生的进展。

课程内容的设计应成为教学目标设定的基础依据。新课标明确指出，教学目标的设计不仅需要基于核心素养的框架，还需要充分考虑教材内容的内在结构和逻辑。教师在设定教学目标时，必须深入研读教材，分析教材内容与课程要求的对接点，掌握教材的核心思想和逻辑结构。通过对教材的细致分析，教师能够提炼出教材中的关键问题，并根据这些问题设计出既符合学生认知水平，又满足核心素养要求的教学目标。

在具体的教材选择与设计中，教师应兼顾新旧课程要求的对比，并将其融入教学目标的设计中。这种对教材和课程要求的双重研读，有助于教师理解课程内容的精髓，进而在教学实践中落实核心素养的培养。

3. 全面调研学生学情，增强目标的针对性

学情分析的最终目的是促进学生的深度学习，帮助学生从表层知识的掌握向核心素养的全面发展过渡。在课程要求的指导下，学情分析作为开展案例教学的关键要素之一，具有为学生设计个性化教学目标、明确学习路径以及实现全面发展的重大意义。学情分析不仅帮助教师了解学生当前的学习状态，还为设定符合学生发展需求的核心素养目标提供了科学依据。

首先，学情分析必须聚焦学生的成长需求，充分考虑其在认知水平、情感态度和价值观等方面的差异，进而帮助教师精准设定符合学生现状的教学目标。基于核心素养的教学目标设定需要明确学生当前的学习起点，分析他们在学科领域中的知识掌握情况以及存在的认知差距。通过这种分析，教师能够清晰地识别出学生的最近发展区，为后续的教学目标设定提供方向，使教学活动有针对性地促进学生核心素养的提升。在此过程中，教师不仅要了解学生当前的学习水平，还应关注学生的发展潜力，从而确保学情分析能够精准反映出学生的发展需求。

其次，学情分析的实施需要教师深入了解学生的实际情况，选择合适的分析方式。虽然教师可凭借自身教学经验进行初步预估，但这种方式往往存在较强的主观性，容易受到教师个人经验的限制。因此，在进行学情分析时，教师应借助一些工具进行辅助分析，如预学案、问卷调查、访谈等方式。这

些工具能够帮助教师获取更为客观和系统的数据，从而更准确地了解学生现有的知识结构、学习障碍以及情感需求。同时，在使用这些工具时，教师需要确保其设计的相关性和针对性，避免因工具设计得不当而导致分析结果失真，从而影响教学目标的设定。

为了进一步提升学情分析的有效性，教师应将多种分析方法结合使用，通过团队协作的方式，协同其他任课教师对学生的学情进行全面调研。这种合作不仅能够弥补单一教师视角的局限，还能够整合不同学科教师的教学经验，从多角度分析学生的学习情况和发展需求。在此基础上，教师应制定更具针对性的教学目标，并设计更加符合学生实际的案例教学活动，使学生能够在实践中真正体验并内化所学内容，最终实现核心素养的全面发展。

（二）案例内容选取策略

1. 依据课程要求，选取与教学目标高度契合的案例

在课程要求的引导下，教学目标的设定必须以学生核心素养的培养为基础，将其贯穿教学的每一环节，确保道德与法治课程育人功能的有效发挥。因此，教师在选取案例素材时，必须充分考虑教学目标，确保所选案例能够支持并推动学生核心素养的发展。

教学目标的设定应明确并具备针对性，它为教学实践提供了方向和依据。教师在设计教学内容和选取案例素材时，必须基于明确的教学目标，清晰地把握学生通过学习应达到的具体学习成果。教学目标的设定不仅要涵盖知识的掌握，还要关注学生在思想、情感和价值观方面的全面发展。因此，教师需要选择与教学目标高度契合的案例素材，确保案例内容既能促进知识的学习，又能引导学生在价值观和能力方面的成长。

案例素材的选取应坚持与教学目标相一致的原则。课程要求下的道德与法治课程教学强调核心素养的培养，这要求教师在挑选案例时，充分考虑案例素材的思想性、科学性和适宜性。教师应确保所选案例能够体现课程的育人价值，并且符合学生的认知发展水平。案例的内容和形式应与教学目标的要求保持一致，二者的契合度将直接影响教学效果。案例素材不仅要帮助学生理解学科知识，还应促进学生价值观的培养和能力的提升，从而形成完整的素养教育链条。

在应用案例教学法时，教师必须充分认识到案例素材在连接教学目标与课程内容中的作用。教学目标和教学内容的关系应当紧密相连，在这一过程

中，案例素材起到了桥梁作用。教师需要从目标导向的角度来筛选案例，确保案例内容能够为核心素养的培养提供支持。选择具有典型性和可扩展性的案例情境，使学生在真实的情境中探究问题，提升他们的思辨能力和实践能力，进而在探究过程中形成正确的品格与素养。

2. 立足现实生活，选取与学生生活实际紧密相关的案例

道德与法治课程的案例选取必须与课程的基本理念相契合，着重强调结合社会发展与学生生活实际，使案例的内容既贴近时代背景，又贴合学生的生活经验。案例教学不仅要考虑知识目标的达成和教学内容的衔接，更应立足核心素养的培养，确保案例素材的选取与社会需求以及学生实际生活需求相一致。

（1）选取与社会发展相契合的案例内容

教师应关注时代背景和社会变化，选择能够反映时代主题与社会特征的案例素材。这类案例不仅能够帮助学生更透彻地理解社会现象，还能够提升学生对当前社会问题的关注度与思考能力。通过结合社会热点问题、国家政策等内容，教师能够有效引导学生在实际情境中进行分析与探讨，培养学生适应社会变化的能力及独立思考的素养。此外，教师还可以通过持续关注时事新闻，灵活地补充、拓展或改编教材中的案例素材，使其更具有时效性和针对性，确保学生能够与现实社会保持紧密联系，从而在学习中更加积极地参与和思考。

（2）选取与学生生活经验密切相关的案例内容

教师应深入了解学生的日常生活，选择与学生真实生活息息相关的案例，使课堂教学更具有生活气息，这种案例不仅能帮助学生在学习中解决理论层面的问题，还能直接回应学生生活中的困惑与难题，增强学习的实际意义。通过选择能够反映学生日常生活中的真实情境和社会现象的案例，教师能够引导学生理解并体验道德与法治知识的实际应用，促使学生在实际生活中践行相关知识，提升他们的社会责任感和法治意识。

（三）案例问题设计策略

课程标准在教学建议中强调，教师应正视学生的困惑与疑问，激发学生的主动学习意识，并通过合作探究和分享经验的方式，拓宽学生的学习视野，提升其学习能力。这一指导思想对案例问题的设计具有重要影响。在核心素养导向下，案例问题的设计不仅要符合课程核心素养的内在逻辑，还应突出

学生的主体地位，体现深度学习的理念。通过案例问题的深度探究，学生能够在合作与思考中将外部知识内化为自身的能力与品格，从而推动核心素养的提升和思维能力的进阶。

1.聚焦核心素养，设计具有指向性的问题

教育方针的具体落实应围绕培养政治认同等五大核心素养展开，这些素养是学生作为"完整生命个体"应具备的基本素质，且需要通过系统的课程学习逐步形成，而非单纯依赖教师的传授。为了有效地促进学生核心素养的发展，案例问题的设计必须充分体现课程核心素养的要求，并明确指向学生素养的培养。在案例教学过程中，通过创设真实且具有挑战性的案例情境，教师能够为学生提供问题解决的实践平台，使学生在深度参与过程中逐步内化核心素养。因此，教师在进行案例问题设计时，必须深刻理解课程标准中对核心素养的内涵、特征及其要求，结合具体的教学内容和学生的实际情况，精心选择案例素材，围绕核心素养来设计问题，引导学生在探究过程中培养相应的素养。

2.立足学生主体，设计具有开放性的问题

学生学习质量的关键在于其是否能将所学知识转化为面对未来生活的能力、品格和价值观，而其核心动力源自学习意向对行动的主导作用。学生的主体性是否得到充分激发直接关系核心素养的形成。因此，教师在教学过程中应注重激发学生的学习主体性，并为其提供合适的条件以充分发挥其学习潜力。

在设计案例问题时，教师必须从传统的教转向注重学生及其学习过程，思考如何激发学生的主动学习。首先，教师应设计出能够促进学生深度思考的开放性问题，避免仅设定引导性问题。通过设置具有持久思考性的问题，教师为学生提供了探究的空间，激发学生的合作与探究意愿，使学生能够持续地深入思考，推动学生学习意向的形成。其次，教师应在充分信任和尊重学生学习能力的基础上，设计具有层次性、目的性和指向性的开放性问题，并将其巧妙地融入案例教学过程中。

学生的能动性、独立性与自主性在案例教学中的发挥对于核心素养的形成至关重要。若学生无法充分运用其学习能力，这些能力将逐渐退化。通过设计能够激发学生学习动机和求知欲的开放性问题，能够有效唤起学生的内驱力，使他们在探究过程中不断体验、感悟与创新，实现从"学以致用"到

"用以致学"的转型，最终彰显学生的主体地位，推动其核心素养的持续发展。

3. 注重深度学习，设计具有层次性的问题

深度学习旨在通过设计具有挑战性的任务，帮助学生摆脱表面和肤浅的学习方式，进而达到深入且富有深度的学习状态，全面提升学习效果。该理念与课程要求倡导的学习理念高度契合，强调学生的全身心投入，致力于通过层次性的学习任务，提升学生的认知水平和思维能力。在此背景下，教师应利用道德与法治课程要求，从理念的转变开始，选择富有育人价值的生动案例和素材，设计能够有效体现深度学习理念的层次性问题，引导学生进入深度学习状态，并在教学中强化学科思维的培养。

在案例问题的设计中，教师应注重问题的梯度设计，确保问题的设定符合初中生的思维发展和认知水平，并结合学生的最近发展区进行逐步推进。通过层层设问，从浅入深、由具体到抽象、从现象到本质地逐步展开，帮助学生逐渐从被动接受知识转变为主动探索和深度学习。此外，教师在设计案例问题时应确保其难易度的适宜性。在精准解读教材内容的基础上，深入挖掘知识之间的内在联系和逻辑关系，遵循课程内容的层次性，合理设计能够激发学生挑战思维的案例问题。通过引导学生对问题进行多维度的分析和深入思考，教师能够促使学生的思维向更深层次发展，从而培养学生的批判性思维、创造性思维以及合作精神，提升学生的高阶思维能力。

（四）案例分析讨论策略

案例分析与讨论是初中道德与法治教学中解决教学问题的核心途径，承担着落实课程核心素养的关键职能。通过小组合作的形式，教师可以引导学生深入剖析案例，并在此过程中将课堂内容与道德与法治课程的相关知识点紧密结合。此种方式不仅有助于学生从案例中挖掘内在价值，还能促进其思维的深化和素养的提升。具体策略如下：

1. 充分做好课前准备，预设分析与讨论的方向

在初中道德与法治课程中，案例教学的核心生命力在于案例分析与讨论的深入展开。在这一过程中，教师不仅要充当学生学习的引导者，还要担任案例分析的组织者和学生讨论的倾听者。教师必须高度重视分析与讨论的前期准备工作，为教学过程中的动态生成创造有利条件，确保能够有效引导学

生深入参与案例分析与讨论，进而促进学生通过合作探究和体验参与的方式，发现问题、解决问题，主动构建课程知识，并在此过程中实现知行合一。教师应当通过这一过程，将学科逻辑与生活逻辑有机融合，使道德与法治课程的教学方向与学生的发展紧密相连，进而赋予课堂更深刻的内涵。

在案例教学前的准备中，教师应积极更新自己的知识体系，不断提升案例教学能力，精心设计并预设好每一个教学环节。教师的知识结构、案例教学的能力直接影响案例教学法在实际应用中的效果。因此，教师应通过参与相关的教学技能培训、优质课程展示及优秀教师讲课等活动，扩展自身应对复杂问题的知识广度与深度。通过这些途径，教师能够更好地预设案例分析与讨论的深度与广度。在具体的课前准备中，教师需要明确分析与讨论的目标、设计恰当的案例问题以及预设课堂突发状况的应对措施。

首先，教师在确定分析与讨论的目标时，应当围绕教学目标、教学内容以及学生的认知水平进行设计，始终以核心素养的落实为最终目标，以铸魂育人为根本，突出价值引领，而不只是知识点的落实。教师应根据这一思路，确保分析与讨论目标紧扣课程的核心素养要求，以达到培养学生综合能力的目的。

其次，教师在设计分析与讨论的案例问题时，应注重凸显课程核心素养、学生主体地位和深度学习理念。教师设计的问题要具有指向性、开放性和层次性，从而启发学生的思维，激发学生参与的积极性。唯有如此，学生才能在分析与讨论中达到深度学习的目标，核心素养才能得以有效提升。案例问题应关注学生的思维发展，引导学生从浅层的表面认知转向深入的分析与批判，提升学生的思维能力和解决问题的能力。

最后，教师需要预设课堂可能出现的突发状况并做好应对预案。教师应尽可能预见学生在案例分析与讨论过程中可能提出的各种问题，并做好充分的思想准备、知识储备和课堂管理能力。教师应灵活应对不同的课堂状况，如在学生小组回答问题时遇到困难无法作答，教师应及时给予启发性引导，或者通过小组成员间的互动，帮助学生解决问题，确保课堂分析与讨论能够按照预设有序展开。

2. 灵活运用小组合作，科学引导分析与讨论过程

案例教学作为一种行之有效的教学方式，能够消除知识内容与学生生活经验之间的隔阂，通过小组合作讨论促进学生思维的转变、高阶思维的发展

和真实感悟的体验。因此，教师应科学地构建高效有序的小组合作讨论机制，引导学生深入参与合作探究，帮助他们通过案例分析，深入挖掘案例背后的本质内容，寻求解决问题的方法，以此激发学生的思维碰撞与思想交流，从而推动学生思维发展，使案例教学在道德与法治课堂中的作用得以充分发挥。

在设计小组规模时，应考虑学生的性别、性格特征以及个体差异，通常推荐每组由 4 ~ 6 名学生组成，每组选举 1 名小组长。这样的小组规模不仅便于学生之间的交流互动，还能合理分配小组任务，确保每位学生都能积极参与讨论，发挥其特长与作用。而小组长肩负领导责任，不仅要负责组织小组的讨论，还应协调小组内外的资源，帮助解决小组讨论中的问题，并在遇到全班无法解答的难题时，及时向教师寻求指导和帮助。

小组的分配规则应遵循"组内异质，组间同质"的原则，并且要确保学生自愿参与。通过这种分组方式，可以确保小组内部成员的多样性，促进不同观点的碰撞与交流，助力学生在小组内形成丰富多元的思想交流。同时，组间的同质性有助于增强各组之间的良性竞争，使每个小组都能在激烈的讨论中激发出更高的学习动力与氛围。

在小组运作方面，教师应当为各小组建立相应的规章制度。该制度应由学生在教师的指导下共同拟定，最终由教师对制度进行完善与认可，确保所有学生都能遵循这一规范。在小组讨论的过程中，教师需要深入学生小组内部，聆听学生的讨论内容，并适时给予引导，帮助学生形成有效的合作与讨论机制。

案例分析与讨论的重点不应局限于结果，而是应放在分析与讨论的过程上。在案例教学中，教师应当允许小组成员在分析与讨论过程中产生不同的见解与观点，鼓励学生根据自身理解表达独立的思考。案例问题的设计及其答案本身应当具备开放性，不应拘泥某一固定答案。每个小组可以安排多名学生分别阐述自己对问题的看法，允许出现不同的观点和分析。通过这种方式，学生能够在讨论中提升批判性思维、创造性思维和解决实际问题的能力，同时在开放性的讨论中，培养多元化的思维模式和合作精神。

第五章　核心素养视角下初中道德与法治课堂的学习评价

初中道德与法治课堂作为培养学生道德品质、法治观念和社会责任感的关键阵地，其学习评价体系的完善与优化至关重要。本章将围绕核心素养视角下，对初中道德与法治课堂的学习评价展开深入探讨，旨在揭示学习评价的要素与价值，明确评价的依据与原则，并提出切实可行的优化策略。

第一节　核心素养视角下初中道德与法治课堂学习评价的要素与价值

一、核心素养视角下初中道德与法治课堂学习评价的要素

初中道德与法治教育强调关注学生从品德认识向品德行为的转化过程，这一转化需经过情感、信念与意志的催化，从而实现知、情、意、行的辩证统一。思想品德的形成并非孤立进行，而是在外部环境影响下，个体内在诸要素动态发展与平衡调适的过程。因此，核心素养的培育需契合思想品德发展的内在规律，促使学生在知识理解、政治认同与个性塑造的基础上，最终达成实践应用能力的整合提升。在此过程中，课堂学习评价作为道德与法治教学的重要环节，亦要遵循思想品德发展的基本规律。评价不仅关注学生对知识的掌握程度，更要兼顾其学习过程中的行为表现、价值取向以及道德品质的发展态势。科学的评价体系应以综合性、多维度的标准衡量学生的思想

道德成长，使其在认知深化、情感升华与意志强化的过程中，实现道德观念的内化与行为习惯的养成，从而更好地肩负时代使命。[①]

（一）知识掌握：启迪智慧，奠定素养培育的知识基础

知识掌握是初中道德与法治教育的基础，涉及学生对基本概念、原理与方法的理解。理论作为实践的先导，确保学生具备正确的道德与法治知识储备，是培育核心素养的重要前提。若缺少科学的知识支撑，学生不仅难以形成符合社会规范的道德品行，也难以实现核心素养的全面发展。因此，在课堂学习评价过程中，教师应关注学生知识的掌握情况，运用多元化评价方式，如课堂提问、抽背、小测等，并结合课堂学习评价辅助工具，以激励和改善学生道法知识的学习效果，从而夯实核心素养的知识基础。

课堂学习评价并非仅以知识掌握为核心，而是将其作为基础，促进学生价值观念与道德品行的塑造，共同推动核心素养的培育。例如，在评价学生道德修养核心素养时，最终目标是助力学生养成良好的道德品质和行为习惯，实现道德规范的内化与外化。因此，课堂学习评价需考查学生对个人生活和公共生活基本道德要求的掌握程度，并通过科学合理的评价方式引导学生深化道德认知，提升道德判断能力，同时，还应关注学生的道德情感培养，以促进其在知行合一的过程中逐步发展良好的道德品行。

（二）过程表现：能力锻炼，彰显素养培育的个性风采

在初中道德与法治教学中，学习评价的重点不仅要关注学生对知识的掌握程度，更应注重其在课堂过程中的多方面表现。课堂表现能够直观反映学生的思维过程、价值取向及参与度，教师应通过细致观察，全面了解学生的学习状态，避免仅以最终任务的完成情况作为评价依据。科学的评价方式应聚焦全过程表现，综合考量学生的学习态度、思维深度及互动情况，而非单纯依赖考试或成果展示。此外，对于课堂中沉默寡言的学生，教师应避免轻易给出简单的负面评价，而是深入探究其沉默的原因，可能是由于未能充分理解知识，或可能是正在进行深度思考。因此，教师应结合具体情况，通过适当引导，鼓励其表达观点。与此同时，尊重个体差异是科学评价的重要原则，鉴于学生在生活经验、知识背景及学习能力上存在差异，其课堂表现形

---

① 陈万柏，张耀灿.思想政治教育学原理 [M].3 版.北京：高等教育出版社，2015:286-288.

式也各不相同，因此评价标准应充分考虑这种多样性。过程表现评价的核心在于促进学生的全面发展，通过动态、持续的观察与反馈，使知识掌握、价值观塑造和品行培养相辅相成，助力学生形成积极的道德品质和良好的法治意识。

（三）价值观念：培育根基，坚守素养培育的政治方向

在初中道德与法治教学中，价值观的塑造起着桥梁作用，使学生能够将所学知识内化并转化为实际行为。价值观不仅是对社会规范的认同，更是认知、情感和意志融合而成的统一体，具有较强的稳定性和持久性，在学生核心素养的培育中发挥着关键作用。因此，课堂评价的核心不仅在于检验知识掌握情况，更应综合考虑学生的情感态度、思想发展及价值观形成，从而促进其道德素养的提升。初中时期是学生世界观、人生观和价值观逐步确立的关键期，此时的课堂评价应发挥积极的引导作用，帮助学生树立正确的价值观念，增强其道德判断力和法治意识。在评价过程中，教师应关注学生在课堂讨论、日常行为及社会实践中的典型表现，采用表现性评价、增值评价等方法，持续追踪学生的思想动态和成长轨迹。同时，价值观的培养需要多方协作，通过家校社多主体共同参与，全面观察和评估学生的价值观发展，使评价更加全面、科学。对于个别学生出现的价值观偏差，教师应及时介入，通过引导、讨论、案例分析等方式，结合家庭、学校和社会资源，帮助学生纠正错误认知，树立正确的世界观、人生观和价值观，确保其身心健康成长。科学合理的课堂评价体系不仅有助于学生积累知识，更能有效提升其道德素养，使其成为具备社会责任感和法治精神的公民。

（四）道德品行：知行并重，凸显素养培育的实践特色

初中道德与法治教学的核心目标在于引导学生将学科知识内化为个人价值观和行为准则，最终实现知行合一。这一目标不仅强调知识的传授，更注重学生将所学内容转化为日常生活中的实际行动，从而培养其核心素养。为实现这一目标，课堂学习评价的最终目的是依据学生在实践中的表现，评估其核心素养的培养成效。教师在设计评价时，应注重实践性，通过创设时事新闻点评、研学实践、道德两难情境选择以及亲社会行为等多样化的评价情境，全面评估学生的道德素养及行为表现。这些实践任务不仅能帮助学生更好地理解知识的应用，还能使其在实际情境中检验和完善自我。

在评价过程中，教师应充分发挥激励与引导作用，鼓励学生将所学知识转化为具体行动，并通过实践任务检测和提升其道德品行。同时，教师可通过收集并展示班级中的道德榜样和典型事迹，激励学生向榜样学习，进一步增强其行为规范意识。此外，适当的物质奖励机制也能有效激发学生养成良好的道德品行。为了全面评估学生的道德品行，教师应采用多元化的评价方式，借助学生自评、同伴互评、家长反馈等多主体参与的评价体系，确保评价的全面性和客观性。在记录学生行为表现的同时，教师还应适时给予指导，帮助学生更好地理解和遵循道德规范。

二、核心素养视角下初中道德与法治课堂学习评价的价值

初中道德与法治课程的目标在于发展学生的核心素养，帮助其树立正确的价值观，并培养必备的道德品格。在教学过程中，教师既要重视道德与法律规范的学习，也要鼓励学生将所学知识应用于社会实践，以提升实践能力和创新意识。在这一过程中，课堂评价发挥着重要作用，不仅用于评估学生对知识的掌握情况，更关注学生价值观的形成和道德品行的养成。评价应贯穿教学全过程，通过激励学生积极参与课堂活动、诊断学习状况、优化教学方法等手段，实现对学生成长的持续关注。科学合理的评价体系应发挥"以评促学、以评促教"的功能，在帮助学生不断深化理解知识的同时，助力教师改进教学策略，从而有效促进学生核心素养的全面提升。

（一）以评育人：促进学生核心素养的全面发展

核心素养培育视角下的初中道德与法治课堂学习评价应当围绕学生核心素养的全面发展，采取素养导向的评价策略。教师需要综合运用观察、纸笔测试、语言评价和肢体评价等多元评价方法，全面掌握学生在核心素养各方面的成长情况。课堂评价目标应根据课标、教材及学情来设定有针对性和贴近学生生活的评价情境，同时设计能够体现学生主体地位的任务，以此确保评价的全面性和客观性。

多元化的评价方式，如增值性评价、过程性评价和表现性评价，能够有效评估学生在课堂中的表现、知识掌握情况、价值观念的形成以及道德品行的养成。这些评价方法不仅有助于教师全面获取学生核心素养发展的信息，还能发现学生在学习过程中出现的问题。基于评价结果，教师应及时进行个别指导与反馈，帮助学生改进，并通过反思教学实践来优化教学过程，推动自我提升。

（二）以评促学：深化学生的知行结合体验

初中道德与法治教学的根本任务是引导学生树立正确的价值观，使其与党中央的要求保持一致，成为中国特色社会主义事业的建设者和接班人。为了实现这一目标，课堂学习评价应以学生为中心，密切关注每个学生的个性化发展和成长过程。在评价过程中，应秉持赏识性评价理念，注重学生的进步与努力，以此激发学生的自信心与学习动力，帮助其认识到自己的潜力，从而更加积极主动地参与到学习和实践中。

"知行合一"是评价的重要目标，通过评价促进学生将知识内化为自身思想，并转化为实际行动，同时在社会实践中不断深化对道德与法律的理解。在这一过程中，评价不仅仅是对学业成绩的反馈，更是对学生价值观的形成和行为养成的促进。因此，评价应注重多方面考量，包括学生的认知发展、情感态度、行为规范等。在实施评价时，应遵循因材施评的原则，根据学生的个性、能力和背景调整评价方式。由于每个学生的生活经验、性格特征、成长环境不同，核心素养的呈现形式也各不相同。因此，评价应鼓励学生的创意和思维发展，尊重其个性化差异，确保评价的公平性和有效性。

（三）以评促教：提升教师的专业素养与教学能力

在初中道德与法治教学中，课堂学习评价具有重要作用。首先，它帮助教师全面了解学生的学习状况，为教师诊断学生知识掌握情况提供了依据。通过评价，教师可以及时发现学生的学习问题，进而调整教学策略，确保教学目标的一致性并推动其实现。同时，课堂评价也是确保教学有序进行的关键环节，它能够激发学生的学习积极性，提升教学效果。持续的评价不仅有助于教师发现并纠正课堂中的不足，还能够优化教学方法，确保教学内容更好地与学生需求对接。通过这种动态反馈机制，教师能够不断调整教学思路和方法，提升教学质量，从而有效促进学生的全面发展与价值观的形成。

第二节　核心素养视角下初中道德与法治课堂学习评价的依据与原则

一、核心素养视角下初中道德与法治课堂学习评价的依据

（一）指导思想

初中道德与法治教学的评价体系深受马克思主义意识形态理论的影响，为其运行机制提供了本体论基础。马克思主义意识形态理论强调统治思想反映统治阶级的利益，这一思想在道德与法治课堂中得以体现，通过课程内容的传授与教学评价的实施，引导学生理解并接受社会主义核心价值观，从而培养出符合中国特色社会主义发展要求的公民。社会主义核心价值观作为道德与法治课程的核心目标，旨在立德树人、铸魂育人，通过培养学生的道德素养、法治意识与社会责任感，推动其全面发展。

马克思主义人本理论强调人的全面发展与解放，这一理念要求义务教育应贯彻以人为本的原则，尊重学生的成长规律，适应他们的个性化需求。初中学生正处于自我认同的形成期，此时的教学评价应聚焦核心素养，帮助学生在学习知识的同时，塑造正确的世界观、人生观和价值观。

习近平新时代中国特色社会主义思想对课堂教学提出了更高要求，着重强调教学方法的改进，提高课堂的亲和力与针对性，满足学生的成长需求。评价目标应坚持素养导向，着眼于学生的道德素养、法治意识及社会责任感的培养，推动学生综合素质的提升。

在具体评价内容与方式上，课堂评价要实现"知行合一"，将理论学习与实际行为表现相结合，注重学生的日常行为及价值观的体现。同时，应采用表现性评价，关注学生在课堂讨论、社会实践中的积极表现，并结合家长、教师和社会等多主体的评价方式，形成全面、多元的评价体系。

（二）现实依据

思政课是落实立德树人根本任务的关键课程，为初中道德与法治课程提

供了明确方向，肩负着培育学生思想政治素质、道德修养和法治素养的重任。初中阶段是学生自我意识开始觉醒的关键时期，评价机制应紧密结合学生的成长特点，帮助学生塑造健全的人格，树立正确的价值观。在这一阶段，学生正面临个性差异和发展需求的多样性，评价机制必须尊重学生的个性差异，重视挖掘其潜力，帮助其明确自身社会角色，增强自我认同感。因此，课堂评价不应仅限于学业成绩的评定，而是应全面考量学生的道德品质、行为习惯、法治意识等多个方面。

初中道德与法治课堂学习评价应聚焦学生核心素养的培养，考虑其内隐性、综合性、发展性和情境性。这种评价不仅要关注学生在课堂中的表现，还要评估其在不同情境下的实际行为与反应，确保评价的全面性和多元性。

二、核心素养视角下初中道德与法治课堂学习评价的原则

（一）坚持素养导向原则

课程要求明确指出，道德与法治课程应聚焦中国学生的核心素养，致力于培养学生正确的价值观、必备的品格以及关键能力。这一素养导向的原则为课堂学习评价提供了明确的框架和方向。道法教学评价必须坚持素养导向，课堂评价应围绕核心素养有序展开，确保科学、准确地反映学生在知识储备、价值观塑造和品行养成等方面的综合发展。

课堂学习评价应涵盖知识掌握、价值观念和道德品行三个层次，并紧密结合学生的五大核心素养。教师在评价时，既要注重学生对知识的掌握情况，又要关注学生思想道德和行为习惯的培养，从而全方位评估学生的成长与进步。教师优化课堂评价策略时，应以五大核心素养为导向，设定清晰的课程评价目标，并通过核心素养的表现情况来检验教学效果。

在实际操作中，课堂评价应依据课程内容要求、学业要求和学业质量标准，展开全面、综合的评估，确保评价的全面性和准确性。同时，初中道德与法治课程的评价体系应始终坚持马克思主义的指导地位，贯彻党的教育方针，确保评价方向正确，思想基础牢固，为学生的全面发展奠定坚实基础。

（二）发展性评价原则

在初中道德与法治教学中，课程评价应以培育学生核心素养为核心目标。核心素养的培养是一个由量变到质变的渐进过程，因此，评价的最终目的是通过系统的反馈和引导，促进学生各方面素养的全面发展。道德与法治课程

不仅仅关注学生的学业成绩，更注重其道德品质、法治意识和社会责任感的培养。在这一过程中，评价方式应具备多样性，综合运用观察、访谈、作业分析、纸笔测试等多种方法，以全面了解学生在各个层面上的核心素养发展。通过这些方法，教师可以准确把握学生的学习进程和思想变化，确保评价的科学性和全面性。

发展性评价原则要求教师在评价过程中注重正面激励，避免单纯依据一时的表现妄下论断。特别是在道德与法治课程的教学中，学生的成长并非一蹴而就，而是一个逐步积累和深化的过程。教师应关注学生的长远发展，通过持续评价激发学生的积极性，促进他们在知识内化与行为外化之间形成良性循环。这种评价方式不仅帮助学生明晰自己的成长轨迹，也能够引导他们看到不断进步的空间和潜力，从而提升自信心。

道德与法治课程的学生，尤其在青春期阶段，具有巨大的发展潜力。教师在评价时应避免思维固化，应关注学生日常的表现，而非一时的表现优劣。青春期的学生常常情绪波动较大，个性尚未完全定型，他们的行为和思想在不断发展和变化。教师应通过鼓励型教育，帮助学生树立信心，充分挖掘他们的潜力。通过关注学生的日常行为、思想变化和学习态度，教师能够更准确地判断学生核心素养的成长情况，避免因短期表现而影响对学生的整体评价。

课堂学习评价应根据课堂生成情况和学情进行及时调整，灵活运用生成性资源来优化评价方法。教师可以结合质性评价与量化评价，综合学生的学习过程与最终结果，全面掌握学生的学习与成长状态。在这一过程中，评价应保持过程与结果的平衡，既要改进结果评价，避免过于注重成绩这一单一指标，又要强化过程评价，探索增值评价的路径，关注学生思想品行的持续发展。增值评价注重学生从入学到当前阶段的成长与进步，而非仅依据期末成绩来定论学生的表现。

随着信息技术的不断发展，课堂学习评价也应积极融入信息技术手段，借助大数据、人工智能等先进技术，提高评价的科学性与专业性。通过智能化工具，教师能够更高效地收集、分析学生的学习数据，生成个性化的评价报告，进而更加精准地调整教学策略。信息技术的应用不仅提升了课堂评价的效能，也为学生提供了更多的反馈渠道，帮助他们及时了解自己的优点与不足。

为了确保评价的有效性和操作性，教师应避免评价内容的空洞和简略，关注学生知识的掌握、过程表现、价值观念和道德品行的全面发展。具体化的评价标准和切实可行的评价方法将有助于教师清晰地判断学生在各个方面的表现，为学生提供有针对性的指导。摒弃"唯分数论"的评价方式，关注学生综合素养的多元发展是当前道德与法治课程评价的关键任务。

（三）主体多元性原则

在初中道德与法治课堂的核心素养框架下，学习评价不仅关注学生知识的掌握情况，更重视学生思想道德、法治意识等多方面素养的培养。为实现这一目标，课堂学习评价应构建一个开放的、多主体参与的评价体系。这一体系的核心是通过多元主体间的互动合作，促进学生实现全方位成长。评价不仅由教师主导，还应鼓励学生自评、同学互评、小组互评以及家长与社会的参与评价，从而形成一种全方位、多角度的互动交流模式。这种多主体的评价方式拓宽了评价的视野，能够确保评价结果的全面性与准确性，并有效避免偏见，体现出对每位学生的尊重与关怀。

教师不仅是评价的实施者，更是学生评价活动的引领者。正如教育家陶行知所言："教是为了不教。"这意味着教师应通过示范与引导，让学生学会如何进行自我评价与互评。教师的引导作用越强，学生的主体能动性就越能得到充分调动，进而提升学生对核心素养培育的认知和参与度。在实际操作中，教师要发挥榜样作用，展示评价的流程、内容及方式，引导学生逐步掌握评价技巧，确保学生能够在自评和互评中发挥积极作用，从而实现"授之以鱼"与"授之以渔"相结合的教育效果。

核心素养的培养要求学生在评价过程中既是被评价的对象，又是评价的参与者。因此，课堂学习评价应注重学生主体地位的构建。教师应坚持"以人为本"的教育理念，充分关注学生的个体差异，将学生的终身发展需求和社会成长需求作为评价的出发点。通过这种方式，初中道德与法治课程的学习评价能够帮助学生树立正确的价值观，塑造思想政治素质和道德品行，为其全面发展奠定基础。在强调学生自我评价的同时，教师还应鼓励学生进行集体互评，使学生在互动与合作中实现共同进步，培养学生的团队协作精神和社会责任感。

此外，课堂学习评价的主体也应由单一的内部评价者扩展到更多外部评价者。除教师外，学校领导、其他科任教师、家长以及社区人员等均可成为评价的重要主体。外部评价者能够从不同视角对学生的核心素养进行评价，弥补课堂内部评价者可能存在的局限性，提升评价的科学性和全面性。由于核心素养的内隐性和长期性，外部评价者在评价过程中发挥着不可或缺的作用。学校和家庭的紧密合作能够更好地为学生的成长提供支持，使学生的核心素养得到多方面的关照和培养。

（四）知行合一的思想性原则

初中道德与法治教学中的课堂学习评价应着重对学生核心素养的综合发展进行全面评估。评价内容不仅包括学生的学习态度、课堂参与度和课程内容的理解能力，还应涵盖思想政治素养、道德品质和法治意识等方面的表现。这一综合评估有助于全面了解学生的成长情况，确保教学目标有效落实。

在真实情境中，学生运用所学知识分析和解决问题的能力应成为评价的重点。通过让学生在实际任务中展示其核心素养，教师能够更直观地评估其综合素质的提高，反映出其对知识的理解和应用水平。结合道德与法治课程的政治性、思想性、综合性和实践性等特点，课堂评价应坚持知行合一的原则，关注学生对知识的掌握情况及其在学习过程中的实际表现。同时，课堂评价应深入观察学生在隐性层面上价值观念的培育情况，关注这些隐性价值观如何在学生的道德品行中得以外显。通过这一评价过程，教师能够帮助学生将课堂知识内化为自身的价值观念，并逐步外化为具体的道德行为，从而实现核心素养的全面培育。最终，课堂评价应通过持续反馈，促进学生的知行合一，进一步推动其道德素养和法治意识的提升。

第三节 核心素养视角下初中道德与法治课堂学习评价的优化策略

一、聚焦价值引领，关注核心素养发展

（一）围绕学科核心素养，明确课堂学习评价导向

道德与法治课程作为义务教育阶段落实立德树人根本任务的重要组成部分，其培养目标应契合习近平总书记关于培养担当民族复兴大任的时代新人

的殷切期望。该课程的核心素养是其教育价值的集中体现，具体表现为学生通过系统学习逐步建立的正确价值观、必要的品德特质以及关键能力。道德与法治课程需紧密围绕核心素养的要求展开，全面展示课程的本质特性，并充分反映课程的教育理念。在此背景下，课堂学习评价作为道德与法治课程的重要环节，其目标设定必须聚焦核心素养，确保课堂评价始终保持素养导向，推动学生综合素质的全面发展。

构建课堂学习评价目标的首要任务是将核心素养的培育转化为具体可操作的评价目标。由于核心素养本身具有抽象性和隐性特征，因此，课堂学习评价必须在这一过程中将其具象化、显性化。首先，教师在制定课堂评价目标时，必须明确道德与法治学科五大核心素养的内涵。例如，道德修养作为核心素养之一，指的是学生在日常生活中逐步养成良好的道德品质和行为习惯，并将道德规范内化于心、外化于行，涵盖个人品德、家庭美德、社会公德及职业道德等方面。其次，教师应准确定位这些核心素养在初中阶段各主题课程中的具体培育要求，涵盖如"生命安全与健康教育""法治教育""中华优秀传统文化教育""革命传统教育""国情教育"等主题内容，通过这些主题明确每一课程主题所应培养的核心素养。最后，将这些抽象的素养要求具体化，教师应按照知识掌握、价值观念和道德品行三个维度，对每一课堂评价目标进行清晰设定，以确保评价标准的具体性和针对性。

以八年级上册《天下兴亡 匹夫有责》一课为例，教师在确定课堂学习评价目标时，应遵循上述策略。首先，教师应研读课程标准，明确核心素养的具体要求，并根据该课程内容定位其主要目标，即培育学生的道德修养和责任意识。具体来说，本课的目标集中在促进学生个人品德、职业道德以及主人翁意识和担当精神的培养，同时通过国情教育和中华优秀传统文化教育，帮助学生理解并承担社会责任。在目标定位清晰之后，教师应进一步细化课程内容，依据知识掌握、价值观念、道德品行三个维度，具体设定课堂评价目标，确保评价内容既关注学生的知识获取，又兼顾其思想态度和道德行为。

（二）结合教材学情，确保评价目标精准实施

虽然初中道德与法治课程的核心素养已在具体内容和学段目标上做出详细阐述，但其核心素养的培育通常表现为宏观层面的叙述。因此，教师在制定课堂学习评价目标时，需要进一步将这些抽象、概括性的素养要求具体化，并结合实际课堂教学的需求，确保课堂学习评价目标与核心素养之间的契合。

具体而言，教师应从核心素养、课程标准、教材内容及学情四个方面出发，厘清它们之间的内在联系，进而制定适宜的课堂学习评价目标。

课程标准作为教学活动的纲领性文件，是确立课堂学习评价目标的基础。在设计初中道德与法治课堂学习评价目标时，教师应首先依据课程标准明确各学年、学期、单元和课时目标之间的关系，从而保证每一节课的评价目标能够融入整体的道法教育目标体系中，形成一个系统化、完整的核心素养培养框架。教师在设定课堂学习评价目标时，应紧密围绕课程标准中所明确的教学理念、课程内容、教学要求及学业质量标准来具体化评价目标，确保目标的科学性与精准性。例如，在实施具体课题教学时，教师需要依据课程标准中的教学提示、学业要求等，将核心素养的培养目标具体化，并将其转化为可操作的课堂学习评价标准。

教材内容作为课堂学习评价的微观基础，为教学提供了具体的教学资源和实施手段，教师在制定评价目标时，应充分剖析教材内容，并根据大单元的整体视角来确定具体位置。通过分析教材内容的层次结构、重难点，以及"探究与分析""方法与技能""拓展空间"等模块，教师可以更为准确地把握教学活动与学习评价目标的契合点。同时，教师应从知识掌握、价值观念、道德品行三个维度来设定课堂学习评价的层级，确保评价目标层层递进、环环相扣，从而有效促进学生核心素养的培育。

在制定课堂学习评价目标时，教师必须坚持"以学生发展为本"的原则。在这一过程中，教师要深入了解学生的学情，包括学段特点、身心特征、思维方式、知识储备等，进而根据学生的个性化需求和兴趣爱好设计评价目标，避免"一刀切"的评估方式。为了准确把握学生的学情，教师可以通过多种手段进行诊断，如观察法、成长档案记录、问卷调查以及家校社共育等方式，充分了解学生的学习状态。在这一基础上，教师能够结合教材内容和学生的实际情况，设定恰当的课堂学习评价目标，从而有效推动学生的个性化发展和核心素养的提升。同时，课堂学习评价目标的设定应关注时代特征，及时融入时政热点与最新方针政策，确保课程内容与时俱进。教师可以通过挖掘校本资源，将课程评价目标与学校人才培养目标紧密结合，形成协同育人的整体框架。

（三）设定多维度评价目标，全面评估学生素养成长

随着新一轮教育改革的推进，"大概念教学""大单元教学""大中小

学思政课一体化"等理念日益受到重视，这些教学方法强调道德与法治课程内容的结构化与一体化特性，进而影响了课堂学习评价的设计。作为课堂教学的重要组成部分，课堂学习评价应遵循一体化原则，力求通过大单元教学评价的方式来优化课堂学习评价，进而更好地促进学生核心素养的培养。因此，课堂学习评价不应仅停留在对每堂课评价目标的简单堆砌，而是应遵循系统化、层次化的原则，使每一堂课的学习评价通过积累实现质变。

课堂学习评价应从"大单元"和"大概念"的视角出发，构建具有层级化的评价目标体系。根据课程标准和教材内容，可以将课堂学习评价目标分为素养评价目标、主题评价目标、单元评价目标、框题评价目标等多个层级。例如，在法治观念的培养上，初中阶段的法治主题教育大多分布在七年级下册、八年级上下册以及九年级上册，通过梳理教材内容，教师可以构建一个清晰的、层次分明的大单元课堂学习评价目标体系。

在具体实践中，课堂学习评价目标应基于学生的个体差异，进行因材施评。每个学生都应顺应自身发展轨迹，教师应尊重这种差异，依据学生的特性来设定评价目标。在教学过程中，课堂学习评价的目标具有指引性和规定性作用，在设定时应考量学生的个体差异，确保评价过程既能够反映出学生个体的成长情况，又能够激发其潜力。在评价目标的层次划分上，可以设置基础层、提高层和拓展层三个层级，其中，基础层主要关注学生的知识掌握情况，提高层则侧重于学生在学习过程中表现出的态度、能力及价值观念的形成，拓展层则关注学生道德品行的培养。

在具体实施时，教师应深入了解每个学生的学习能力、兴趣、特点及背景信息，通过设定不同层级的评价目标，帮助学生在各自的学习轨迹上实现个性化发展。对于处于不同发展水平的学生，教师应根据"最近发展区"的理论进行差异化评价，确保每个学生都能够在原有基础上得到适当提升。然而，层级目标的设置并非意味着只要学生达到某一层级即为合格。相反，评价目标应具有追踪性，确保每个学生都能够逐步向更高层次发展，最终实现核心素养的内化与外化。

为了增强课堂学习评价的可操作性，教师在制定评价目标时，除了依据核心素养、课程要求及教材内容外，还应提前设定具体的层级评价标准。通过设定明确的评分细则，教师不仅能够依据学生在课堂中的行为表现进行教学评价，还能够为学生提供清晰的学习目标，从而激发学生的主动学习意识和主体能动性。学生根据层级评价标准设定个人的学习目标，不仅能够明确自身的学习方向，还能够提高自我激励与反思的能力。

二、实现知情意行评价要素有效衔接

为了使初中道德与法治课堂学习评价指向评价学生核心素养综合发展状况，实现以评促学、以评促教、以评育人的目标，课堂学习评价在内容层面上必须实现真正转变，评价内容不应以"知识主导""唯分数论"，而是应坚持"素养导向""价值引领""知行合一"，从而实现道德与法治课堂学习评价内容的综合化、科学化，借助课堂学习评价促进学生的全面发展。

（一）秉承"素养为本"理念，弥补"知识中心"不足

在道德与法治学科的教学实践中，课堂学习评价正经历从"知识主导"向"素养导向"的转变。这一转变的核心在于学科五大核心素养的发展水平已成为衡量学生学业成就的关键指标。学生核心素养的水平不仅体现了他们对初中道德与法治学科知识的掌握程度，更反映了他们在面对复杂、不确定的实际问题时所展现的综合能力与品质。

从核心素养培育的视角出发，初中道德与法治课堂学习评价内容体系的构建，主要依据课程要求中将核心素养定位为课程育人价值的集中体现。课程要求明确指出，道德与法治课程的目标应围绕核心素养展开，并根据"初中道德与法治核心素养"的具体内涵和主要表现，将核心素养按照学段进行具体划分，明确每个核心素养在不同学段应达成的目标。基于此，课程目标转化为核心素养培育视角下的课堂学习评价内容，旨在通过细化评价内容，推动核心素养培育目标的实现。具体而言，评价内容围绕知识掌握、价值观念、道德品行三个核心要素展开，为一线教师提供可操作的评价参考。

为了使评价内容体系更具操作性，将依据核心素养学段目标制定的评价内容具体细化到每一课、每一框题中。在教材内容的编排中，部分评价内容会在多个课程中重复出现，这体现了对初中学生身心发展规律和思想品德形成规律的遵循。核心素养的培育是一个渐进的过程，需要系统、全面的课堂学习评价予以支撑，而非简单依赖评价内容体系表。评价内容体系表仅为教师提供了评价内容的梳理与参考，其实际应用时需结合具体教学情境进行灵活调整。

为进一步优化评价实践，评价内容被转化为评价目标，并依据具体课例制作了课堂学习评价目标表。同时，将评价内容体系表融入具体课例中，制

作课堂学习评价量表，通过数据化的方式呈现评价结果，以便学生和教师更直观地了解课堂教学情况及核心素养的培育进展。除体系表和量表外，课堂学习评价还需要综合考虑学情、使用鼓励性语言、把握评价时机等因素。

（二）提升"价值观念"评价比重，打破"分数至上"局限

学生发展的质量评价应聚焦促进学生德智体美劳全面素养的提升，尤其要培养学生具备适应终身发展和社会进步所需的正确价值观念、核心品格以及关键能力。在这一背景下，课堂学习评价不仅关注学生知识的掌握程度，更应着重学生思想政治素质、道德品行及法治意识等综合素质进行评价，特别是在价值观念方面的塑造。

根据课程要求，课堂学习评价逐渐呈现出对学生核心素养全面发展的要求。特别是在中考升学的环境下，虽然课堂评价仍不可避免地受到"唯分数论"的影响，但评价的重点应当从单纯的知识点考核，转向对学生思想价值观念的全面考查。这一转变意味着课堂学习评价必须克服以往"唯分数论"的惯性思维，找到核心素养培育与成绩要求之间的平衡点，以实现学生全面素养的提升。

学科的考试内容应当体现出核心素养导向，尤其在道德与法治学科的中考命题中，须结合学科特点，兼顾知识性、思想性与价值性，灵活设计考题，突出对学生综合素质和多元思维的培养。近年来，部分地区在中考命题中已经开始体现出这一趋势，命题更注重考查学生的思维能力、价值观念以及政治素质，而不仅仅是知识的记忆与再现。这种改革不仅有助于推动学生核心素养的全面发展，也进一步强化了对价值观念的评估，避免了传统应试教育模式的单一化弊端。

作为青少年思想政治教育的重要载体，思政课具有不可替代的作用。道德与法治课程不仅是思政教育的延伸，还承担着培养学生正确价值观和思想意识的关键任务。基于此，课堂学习评价的实施必须兼顾政治性、思想性和综合性。教师在设计课堂学习评价时，应充分关注学生在课堂上表现出的思维方式和价值取向，尤其要在评价活动中加入与价值观念相关的元素，以促进学生核心素养的提升。

为了提高价值观念评价的有效性，教师应创造性地设计课堂情境，采用诸如课堂辩论、观点分享等活动形式，强化对学生价值观念的塑造。同时，教师的评价语言应充满鼓励与支持，避免负面评价，运用积极、建设性的语

言激励学生，帮助他们树立学习自信心，营造平等、民主的课堂氛围。通过这种方式，教师不仅能够增强学生的参与感和成就感，还能够在潜移默化中引导学生形成正确的价值观念。

此外，在课堂学习评价中，教师还应适时捕捉学生的思维闪光点，鼓励学生在学习过程中表达个人观点，进而通过个性化的评价内容，推动学生价值观念与思维能力的双重提升。例如，在某一课堂活动中，学生分享对民族精神的理解，教师应及时给予肯定，并引导学生进行更深层次的思考，从而激发学生进一步探索和认同民族精神、集体主义等核心价值观。

（三）践行"知行合一"原则，强化"全面发展"信念

道德与法治课堂学习评价不仅关注学生对知识的掌握，更着重评估学生在学习过程中展现出的实践能力与创新精神。在青少年群体中，活力和创造力是显著特点，因此，思政课的建设需要紧跟改革步伐，注重为课堂注入活力。若教学内容过于单一、机械化，则难以实现立德树人和全面素质培养的目标。因此，为了增强道法课堂学习评价的思想性和针对性，课堂评价应当通过探究式、互动式和辨析式的情境设计，使理论性和实践性得以统一。

在课堂评价设计中，教师应鼓励学生将所学的道法知识内化为个人的思想与行为，做到知行合一。例如，当学生分析观点，表达出强烈的政治认同时，教师可以通过积极评价，鼓励学生将这些思想进一步内化并付诸实践，从而增强其价值观的认同感和政治责任感。同样，在处理严肃话题，如未成年人犯罪时，教师应通过引导性语言，鼓励学生思考法律和道德边界，并建议学生在课后自主学习相关法律知识，从而进一步深化对法律的理解。

与高中注重学理性的教育不同，初中道法课堂更注重知识的实用性，特别是通过与学生生活的紧密联系来增强学习的现实感。因此，在创设课堂评价情境时，应多从学生的实际生活出发。例如，教师可以通过具体的社会事件或身边的榜样人物来设计评价情境，从而增强学生的时空认同感，推动学生将理论与实际相结合。这种以问题为导向的教学评价，有助于培养学生分析问题、解决问题的能力培养，同时促进学生综合素质的全面发展。

课堂学习评价应当注重学生在实践中的表现，而核心素养的培养也需要通过长期的积累与实践来实现。因此，教师应当创造开放式的教学情境，鼓励学生在实践探究中提升知识迁移能力，并培养社会责任感与创新能力。课堂学习评价不仅仅局限于课堂之内，教师应通过布置前置任务或课后实践作

业，鼓励学生将所学知识应用于实践，进一步加强对学生核心素养的培养。通过这种方式，知识不会仅停留在课堂上，而是能够真正转化为学生的实践能力，推动其全面发展。

在具体教学中，教师可以通过设计多样化的互动评价形式，加强对学生价值观的塑造。例如，在某些课堂上，通过设计与学生生活密切相关的活动，鼓励学生进行自我评价和互相评价，教师则及时介入，以促进学生认知与品行的不断提升。此外，教师还可以通过组织课堂辩论、角色扮演等活动，激发学生的思维能力和创新精神，促进其道德品行的塑造。[①]

三、提升评价方式的素养化指向

（一）注重表现性评价，提高评价的准确性

根据新课标的要求，初中道德与法治课程强调课堂学习评价应关注学生在学习过程中的表现，而非单纯依赖学生最终的成绩或结果。这种评价方式被称为表现性评价，旨在通过观察、提问和交流等手段，关注学生在合作探究、交流展示等学习活动中的行为表现，从而深入了解学生的学习进程和发展。表现性评价作为一种注重过程的评估方式，强调教师在课堂教学中对学生的动态观察与互动，关注学生在课堂学习中的表现及其能力的逐步发展。其核心目的是通过关注学生在学习过程中的行为表现，促进学生核心素养的全面提升。

在实践中，表现性评价要求教师摒弃"唯分数论"的思维，转而更加关注学生在过程中表现，并通过不断学习和实践提升教师在课堂中运用表现性评价的能力。这种评价方式不仅要求教师关注学生最终的知识掌握情况，还需要教师洞察学生在学习过程中所展现出的思维能力、合作能力和创新精神。因此，在道德与法治课堂中，特别是在初中阶段，表现性评价具有重要的应用价值。

以七年级上册第二单元《友谊的天空》为例，教师在授课时，可以通过小组互动任务来设计课堂评价。这不仅有助于促进学生之间的合作与沟通，还能够帮助教师观察学生在人际交往过程中的表现。教师可以将学生分成若干小组，设计小组互动任务，将小组内外的互动作为评价依据，关注学生在小组内的沟通、协作与分享情况。通过小组间的评价与提问，教师不仅能够

---

① 崔允漷.试论新课标对学习评价目标与路径的建构［J］.中国教育学刊,2022,(7):65-70+78.

评估学生的知识掌握情况，还能够关注学生在合作中的表现、表达能力及其人际交往技巧。这种通过学生互评、教师观察的多维度课堂评价方式，能够更全面地把握学生在交友等生活实践中的认知发展。

在这种互动性强的课堂评价中，教师不仅是知识的传授者，更是学生学习过程中问题的引导者。教师在观察学生表现时，需要敏锐地捕捉学生的典型行为，并将这些行为转化为课堂教学的生成性资源。在此过程中，教师应鼓励学生自主探究，帮助学生发现问题并尝试解决问题。表现性评价要求教师不仅对学生的正确答案给予评价，更要关注学生的思维过程、学习态度和与他人合作时的行为表现。例如，在学生讨论交友中遇到的问题时，教师要及时观察到小组讨论中可能出现的误区或冲突，并通过即时性评价及时引导学生，帮助学生澄清观点、解决困惑。

即时性评价是表现性评价的重要组成部分，它要求教师在学生问题出现初期就进行干预，而不是等问题发展到不可控的程度。在道德与法治课堂中，教师应特别关注学生的情感反应与认知困惑，通过及时反馈帮助学生理解和解决问题。教师应根据学生的情感敏感点、认知疑惑点以及可能引发共鸣的观点，设计相应的课堂评价活动，以增强评价的针对性和实效性。

表现性评价不仅仅是对学生行为的即时反馈，它还要求教师在教学过程中不断调整和完善评价策略，确保评价活动能够真正促进学生的认知发展和价值观的塑造。通过将课堂评价与学生的实际表现紧密结合，教师能够更好地帮助学生在学习中发现自己的优点与不足，并在这一过程中逐步培养学生的核心素养。教师的评价语言应富有建设性，能够激励学生参与学习过程，促进其思维方式、情感态度和行为表现的提升。

（二）加强增值性评价，增强评价的激励性

道德与法治课堂学习评价的核心之一在于对学生行为表现进行即时评价，并将学生自身的表现转化为教学资源，以此激励学生持续改进，最终实现知行合一的教育目标。学生作为处于发展阶段的个体，需要从发展的视角予以评价。因此，道德与法治课堂评价应坚持运用增值性评价，记录学生在学习过程中不断变化的表现，及时肯定其进步，尤其初中生正处于青春期阶段，具有敏感的心理特征，教师应特别关注学生思想品行的成长与进步，通过评价来帮助学生树立自信心。

增值性评价强调关注学生在发展过程中的成长轨迹和进步，避免单纯依

赖终结性结果作为评价的唯一依据。教师需要注重学生的动态变化，尤其学生在课堂上的行为表现和思想进步。因此，教师应重视即时评价，将学生表现与评价相结合，及时给予反馈和鼓励。由于初中生正处于青春期阶段，其心理和行为都在发生显著变化，因此，教师在进行评价时需要充分考虑这一特殊时期学生的心理特点，既要关注其情感波动，也要引导其形成正确的价值观和行为规范。

在实际教学中，为了强化增值性评价，教师可以利用信息技术手段，如成长记录袋和日常行为表现记录卡，全面记录学生的思想动态和行为变化。这些工具不仅能够帮助教师系统性地追踪学生的进步，还能够通过长期积累的记录直观反映学生的成长轨迹。同时，教师还可以借助课代表或小组长等学生干部，协助记录学生在课堂中的典型表现，进一步提高评价的精准性和时效性。通过这种方式，教师能够对学生的行为变化进行细致记录，从而为后续的评价提供有力依据。

增值性评价的有效实施还需要结合奖惩制度，利用奖惩手段激励学生形成良好的行为习惯，促进其全面进步。例如，通过对学生积极发言、任务完成度高、考试成绩进步等行为予以加分，而对未完成作业、成绩退步或扰乱课堂纪律的行为进行扣分，这样教师能够在鼓励学生表现优秀的同时，及时纠正其不当行为。此外，每月进行表彰活动，给予进步显著的学生小奖状以示鼓励，同时对分数下降的学生进行适当惩罚，从而强化学生的责任感和积极性。

为了更全面地了解学生的表现，教师还可以通过与其他学科教师或家长进行沟通，从而对某些学生的行为有更深刻认识。这样，教师不仅可以在道德与法治课堂内表扬学生的进步，还可以结合学生在其他学科或课外活动中的表现，对其进行全面的鼓励和支持。这种跨学科和家庭的协作将进一步增强学生的自信心，提高他们对道德与法治学科的认同感。

在增值性评价的过程中，教师应始终坚持激励原则。激励内容应涵盖物质激励与精神激励，且形式应包括正激励和负激励。通过奖惩手段的合理运用，可以有效满足初中生的心理需求，激发其内在动力，帮助其形成积极向上的学习动机，从而促进其核心素养的培养。为了确保激励机制的有效性，教师需要建立完善的激励制度，明确清晰的评比、监督、奖惩等管理措施。通过目标激励、参与激励、物质激励、荣誉激励等多种激励方式，教师能够最大化激发学生的潜能，推动其全面发展。

（三）运用多元化评价，确保评价的全面性

由于学生身心发展需求的多样性及课堂学习评价过程中的复杂性，学生核心素养的培育往往呈现出复杂且动态的变化状态。因此，初中道德与法治教师在开展课堂学习评价时，应综合运用多元化的评价方法。除了表现性评价和增值性评价外，还应结合纸笔测试、作业、访谈和作品展示等定性与定量相结合的方式，以全面提升评价的准确性与有效性。

纸笔测试作为常见的评价形式，能够有效考查学生运用知识分析和解决实际问题的能力。在此过程中，测试不仅可用于诊断学情与评估教学质量，也能在学生核心素养的培育方面发挥重要作用。因此，教师应根据核心素养的要求，设计具有探究性和应用性的考试题目，确保评测能够全面反映学生的思维深度与实际能力。除了常规考试外，课后作业也是道德与法治学科评价的有效途径。例如，要求学生制作单元思维导图，教师可以借此了解学生对知识的掌握程度，并通过观察思维导图的构建，评估学生的思维能力与理解水平。同时，要求学生撰写倡议书等作业任务，可以引导学生将所学知识应用于实际问题的解决中，进一步增强学生对家乡文化及中华传统文化的认同感与自豪感。这些作业形式不仅丰富了课堂学习评价的方式，也能有效检测学生在核心素养方面的进展。

为了实现核心素养的全面培育，教师可以组织辩论赛、演讲、角色扮演等表现性活动，运用质性评价手段检验和促进学生学习。这类活动不仅能够激发学生的参与兴趣，还能够在实际操作中增强其表达、思维及合作能力，从而推动核心素养的发展。同时，教师对学生进行持续性的访谈与观察，可以更深入地了解学生的情感与价值观，为教学提供有效支持。近年来，成长记录袋作为一种真实性评价工具得到了广泛应用。由于核心素养的培育是一个渐进的过程，因此，除了课堂内的即时评价外，教师还应重视通过持续记录学生表现的方式，全面追踪学生的思想发展与行为进步。

信息技术的发展为课堂评价提供了新的可能性。教师可以利用电子档案袋等数字化工具，构建标准化的评价体系，系统地记录学生在道德与法治学习中的表现。这些电子档案袋能够存储学生的行为数据，并按需提取，形成多角度的评价档案。此外，信息技术还可以结合仿真问题情境和数字化模型素材，帮助学生模拟解决问题的过程。通过这一方式，教师不仅能够全面了解学生的思维方式和价值观，还能够通过精准的数据指导学生的"刻意练习"，有效促进学生的知行合一。

此外，道德与法治学科的课堂评价对象不应局限于学生个人。教师应通过评价时政热点、典型事件及人物的方式，拓展课堂评价的维度。通过分析这些真实事件，学生能够将所学知识运用到实际问题的分析中，提升知识迁移与辩证思考的能力。这些评价方式能够帮助学生深化对社会实际问题的理解，增强法律意识与社会责任感，从而更好地培养其核心素养。例如，在讲授"法治教育"主题时，教师可以结合时政案件进行课堂导入，让学生分析和评价真实的法律案例，进而增强学生对法律制度的认同与理解。①

四、构建"协同育人"评价格局

（一）尊重学生主体地位，激发自主评价潜能

　　学生是课堂学习评价的主体，教师应从传统的评价权威转变为引导学生积极参与评价的角色。由于课堂时长、应试教育等因素的制约，学生在常规课堂中进行自评和互评的频率较低，通常只有在公开课中才有更多机会参与评价。为了更好地发挥学生在课堂学习评价中的主体作用，推动核心素养的培育，教师需要落实"学生观"。这一观念强调学生是教学活动的中心，具有主观能动性且始终处于不断发展的过程中，教师必须从发展的视角看待学生，并考虑其个体差异。

　　为确保学生在课堂学习评价过程中能够充分发挥主体作用，教师应营造一个宽松、积极的评价氛围，使学生敢于表达观点并乐于参与评价。鼓励学生在课堂上进行自评和互评，有助于实现学生由"被动接受者"向"主动参与者"的角色转变。通过这种方式，学生不仅能够拓宽思维视野，还能够从不同的视角审视问题，从而培养批判性思维与创新能力。②

　　为了最大化挖掘学生的学习潜能，教师应当鼓励学生积极参与评价过程，并通过一系列有针对性的评价情境设计，促进学生在评价中实现全面成长。

　　首先，评价情境的设计要紧密结合学生的实际生活经验，兼具现实性和针对性。教师可以通过创设生活化的情境或利用真实案例，激发学生的思考和情感共鸣，增强课堂评价的感染力。例如，在讨论道德规范和法治观念时，教师可以引导学生剖析日常生活中的道德困境或社会事件，促使学生在参与

---

　　① 陈拥贤.信息技术赋能中小学教育评价改革的思考 [J].教育家,2021(2):34-35.

　　② 胡田庚.新理念思想政治（品德）教学论 [M].3 版.北京：北京大学出版社,2019:147.

评价的过程中，提升对社会规则的认知和对价值观的辨析能力。这种设计不仅能够帮助学生了解现实中的规则冲突，还能够激发他们进行自评、互评的兴趣，提升他们在集体讨论中的参与度。

其次，课堂学习评价应秉持因材施评原则，尊重学生的个体差异。在设计评价情境时，教师需要根据学生的性格特点和参与意识的差异，采取相应的教学策略。对于参与意识较强的学生，教师应当给予更多的评价机会，鼓励其积极发言和参与评价；而对于较为内向或缺乏自信的学生，教师则应通过温和的鼓励和适当的引导，帮助他们克服对评价的恐惧感，激发他们的主动参与。通过这种因材施评的方式，教师不仅能够有效提升每个学生的参与度和评价质量，也能够帮助学生树立信心，增强他们在集体讨论中的表达能力。

为了消除学生对评价过程的顾虑，教师还应采取一系列积极的举措来鼓励学生参与。例如，教师可以在课堂上及时肯定学生的评价行为，给予正向反馈，帮助学生认识到参与评价的意义和价值。此外，教师还可以通过制定奖励机制、使用鼓励性的语言和非语言表达，进一步提升学生参与评价的积极性。在营造课堂氛围方面，教师应致力于打造一个民主、平等的评价环境，使学生能够在没有压力的情况下，表达自己的观点并进行相互评价。通过榜样的力量，教师可以示范如何进行有效评价，帮助学生看到他人的成功，从而激发其自信心和参与热情。

在激发学生参与积极性的同时，教师还需要注重培养学生的理解判断能力、语言表达能力和批判思维能力，这些能力是实现有效评价的基础。首先，教师应通过针对性训练，帮助学生理解课堂评价的问题，并提升其阅读理解能力。在教师的引导下，学生能够准确理解评价问题的内涵和目的，从而避免在评价过程中产生误解或评价失当的情况。其次，教师应为学生提供充分的语言表达机会，鼓励平时较少参与评价的学生勇敢发言，并通过教学案例来增强学生的自信心。通过这样的方式，学生能够在评价过程中更加清晰地表达自己的观点，提升其语言表达能力。最后，教师应通过辩论赛、角色扮演等互动式教学活动，培养学生的批判性思维和应变能力。在这些活动中，学生不仅要分析和评判不同观点，还要学会如何在突发情况下灵活应对和表达自己的立场，从而提升其思维深度和判断力。

（二）强化教师引领作用，促进评价内容综合化

初中道德与法治课程的本质在于讲道理、启发学生的思维、培养其道德情操和法治意识。在这一教学过程中，课堂学习评价不仅是一种考核方式，更是塑造学生核心素养的重要环节。教师在课堂评价中扮演引导者的角色，应通过精准的教学设计和丰富的评价方法，推动学生在道德与法治素养方面的全面发展。为了更好地实现这一目标，道法教师需要在理论与实践中不断提升自身素养，运用教育机制和学生观，以评促学、以评促教、以评育人。

首先，教师应具备扎实的理论基础，并且能够将所学的评价理论与教学实践相结合。理论是实践的基石，在课堂学习评价过程中，教师需要凭借先进的政治观点和丰富的理论知识，保证教学评的一致性，确保知识与素养的内在联系。为了做好课堂评价的引导者，教师需要不断深化对道德与法治教学理念的理解，并学习国家相关的政策文件，从而更精准地把握教学评价的方向和内容。这种理论支持，为教师在实际教学中制定评价标准、引导课堂讨论、分析学生表现提供了必要保障。

其次，教师应具备一定的教育专业素养，包括观察判断能力、语言组织能力和应变能力。这些能力帮助教师在课堂上及时抓住评价契机，灵活应对课堂中的突发情况，有效调动学生的积极性，从而营造一个轻松、积极的课堂氛围。例如，当学生因小事争执而干扰课堂秩序时，教师可以运用幽默的语言对学生的行为进行评价，既能提醒学生注意行为规范，又能巧妙化解紧张气氛，使课堂氛围更加活跃。同时，教师的语言艺术也至关重要，简洁、清晰、富有启发性的评价能够有效激发学生的思维，帮助他们认识到自身不足并在此基础上进行自我改进。

教师应注重因材施评，尊重学生个体差异性。每个学生的认知水平、情感发展和价值观念各不相同，教师需要针对这些差异设计评价活动，并采取不同的评价策略。教师应避免对优秀学生过度提问，而是应通过多提问、及时反馈等方式，增强后进学生的参与感，帮助其逐步提升。同时，教师应秉持公正客观的态度，在评价时鼓励学生看到自己的优点，并帮助他们识别和改正不足。在评价的语言使用上，教师应避免过于简化的评价方式，而是应通过肢体语言、眼神交流等非语言形式增强评价的感染力，做到有温度、有深度。

教师应在"教师观"的指引下，将课堂评价贯穿教学的各个环节，包括备课、教研以及教学反思等。在备课时，教师应注重学科素养的评价设计，

从多角度激发学生的思维，制定多层次的评价标准，以满足不同学生的发展需求。集体备课则是教师通过团队合作，共同探讨教学评价中的问题，集思广益，形成有效的教学策略和评价标准。教师应通过科研活动不断提高评价能力，实现通过教学研究推动课堂评价的优化。同时，教师要充分利用教研机会，积极参与教学示范课、微论坛等活动，借鉴同行的经验提升自身的评价能力和教学水平。

（三）引入多元评价主体，形成民主育人合力

为了提升核心素养培育视角下初中道德与法治课堂学习评价的科学性与专业性，除了充分发挥学生在课堂学习评价中的主体作用以及道法教师的引导作用外，引入"外部评价者"的参与也极为重要。外部评价者主要是指学校管理者、学科教师以及学生家长等，他们通常作为观察者，从外部视角对课堂教学进行评价。这种多元化的评价方式能够增强评价的全面性和客观性，进而促进教学效果的提升。

在教学实践中，学校管理者常通过"推门课"的形式，不定期走进课堂进行听课评课，这为教师提供了宝贵的评价反馈机会。特别是对于新手教师来说，通过"汇报课"展示教学成果，以及同行教师之间的"转转课"等观摩课程，均为教师提供了互相学习与提升的平台。在此背景下，道法教师应当抓住这些机会，设计一套适用于听评课教师使用的课堂学习评价量表。量表中应包括课堂学习评价的目标、评价情境和任务设置，以及具有针对性和专业性的反馈意见。通过这种方式，听评课教师可以更清晰地理解课堂评价的内容与目标，并为课堂学习评价提供有针对性的优化建议。道法教师则可以通过参考这些建议，从同行的角度审视自身课堂评价中的不足，并在今后的教学实践中加以改进。此外，学校通常会组织评课活动，邀请听课教师分享对课堂的评价。在此过程中，道法教师应认真记录听评课教师的意见与建议，详细分析自己在课堂学习评价中存在的困惑和难点。通过这种交流与反思，教师能够及时发现并改进教学中的问题，进一步提升课堂学习评价的质量。同时，教师还应通过观摩其他学科的教学，特别是语文、历史等学科的课堂学习评价，从中吸取经验，不断优化道法课堂评价的实施。

在初中道法学科核心素养的培育过程中，家校合作同样具有重要意义。核心素养，特别是价值观和道德品行方面的素养，需要通过学生的日常表现加以观察与发掘，而单纯依赖课堂中的评价手段，难以全面实现核心素养的

培养。因此，道法教师应积极与家长沟通，向家长普及道法学科核心素养的培育目标，并鼓励家长关注学生在日常生活中的表现。通过家长对学生行为的观察与反馈，教师可以更好地了解学生道德品质与法治意识的发展情况，进而调整课堂学习评价的内容与方法。

教师可以通过家长会、家长群等方式向家长介绍课堂学习评价量表的使用方法，并邀请家长参与评价。评价量表应包含课堂学习的情境设置、任务安排以及量化指标和反馈意见栏，确保家长的评价能够全面、详尽地反映学生在课堂中的表现。家长作为学生成长过程中最重要的陪伴者，能够从不同视角为道法课堂学习评价提供个性化建议，帮助教师发现学生在课堂评价之外的潜在素养。

除家长外，社区成员也是学生核心素养培育的重要参与者。教师可以通过家访等形式，了解学生在社区中的表现，收集学生参与志愿活动、社会服务等方面的评价信息。通过社区与学校的合作，教师能够获得学生在不同情境下的全面评价，形成协同育人的评价机制。尤其在学生参加研学和志愿活动等社会实践时，道法教师可以通过设计"研学表现评价表"或"志愿活动表现评价表"，让活动引导员或社区工作人员参与评价，从多元角度了解学生的日常行为和社会责任感。

五、构建长效全面的素养反馈机制

（一）秉持系统思维，实现全面性评价反馈

为了改进初中道德与法治课堂学习评价中反馈方式"单调化"的问题，必须树立系统化的观念，建立全面而有效的课堂学习评价反馈机制。

首先，教师应当摒弃仅聚焦于知识掌握情况的传统单一评价观念，转而倡导多元化的评价反馈理念。在这一框架下，课堂学习评价的反馈内容不仅应包括学生的知识掌握情况，还要关注学生在课堂中展现出的价值观念和道德品行。此外，根据班级学生的个体差异，教师应实施个性化、发展性的评价反馈，从而实现因材施教，促进学生的全面成长。

其次，评价反馈的呈现方式应更加细致与多元，采用分项等级制与评语相结合的形式，使评价更加明确、更具可操作性。评语应简练、准确且具有针对性，不仅要准确反映学生的课堂表现，还应具有引导性，帮助学生明晰自己在实现核心素养培育目标方面的进展与不足。

最后，若教师采用口头语言的评价反馈，应特别注重语言的艺术性。语言作为教师与学生之间沟通的桥梁，其作用不可小觑。教师在进行课堂学习评价时，需选用清晰、准确的词汇，避免模糊不清的表述，确保学生能够准确理解反馈内容。语言的措辞应掌握分寸，既要避免过于严苛，也要避免过于宽松。特别是对于初中生而言，教师应根据其心理特性，运用形象生动的语言风格，必要时可通过幽默的表达方式来传递评价反馈，从而提高学生对反馈的接受度和认同感。

（二）构建长效机制，推动持续性素养培育

在核心素养培育的视角下，初中道德与法治课堂学习评价的反馈应当着眼于建立长效机制，以持续评价学生的学习过程，确保素养反馈的长期性与稳定性。核心素养的培育是一个渐进的过程，因此，道法课堂的学习评价反馈必须具备连续性和长期追踪的特征。在此过程中，教师需要关注上一阶段学生在知识掌握、价值观念、学习过程及道德品行等方面存在的问题，并在新阶段的课堂学习评价中，继续跟踪并反馈学生的表现。这样的评价方式不仅能帮助学生在当前阶段进行自我反思，还能为他们提供持续改进的动力。

核心素养的培育是一个逐步积累的过程，特别是在面对某些复杂内容时，课堂学习评价反馈尤为重要。教师应通过发展性评价，持续关注学生在不同知识板块中的表现，以确保评价反馈不仅限于当下，还能为学生未来的学习提供持续支持。例如，在开展法治教育时，教师需要通过反馈帮助学生克服学习困难，逐步建立正确的法治观念，增强学生的学习信心，并促进核心素养的深化发展。然而，仅凭教师个人的力量，难以实现这种持续性反馈。因此，构建长效评价反馈机制必须依赖家长、科任教师、学校及社区等多方合作。通过多元主体的协同作用，能够有效追踪和反馈学生的学习进程，提升评价的全面性与实效性。同时，在此过程中，教师应通过合作与沟通，确保每个主体都能为学生的成长提供有效的反馈与指导，激发学生的学习动力，提升其主动性与积极性。

课堂学习评价的反馈并非孤立存在，而是与教学目标设定、内容选择及评价方式等环节密切相关。教师应将反馈机制与这些环节有机结合，优化课堂学习评价的整体效果，充分发挥其在核心素养培育中的作用。

（三）融合智能技术，实现以评育人的科学化进程

现代科技的发展为教育评价提供了全方位的支持，特别是在初中道德与

法治课堂学习评价领域，人工智能、大数据等技术的深度融合，展现了其在教育评价改革中的潜力和重要作用。借助智能技术，道法教师能够更加客观、精准地收集和分析评价数据，并基于这些数据提供有针对性的教学指导，进一步促进学生的全面发展。

具体而言，智能技术可以帮助教师收集课堂教学、师生互动以及学生过程表现等方面的数据，从而建立一个全面的评价体系。教师利用课堂即时反馈系统、智能录播系统、点阵数码笔等工具，能够实时采集学生在道法课堂上的表现，形成完整的评价数据集。这些技术不仅有助于教师准确把握学生在课堂中的学习状态，还能推动学生在核心素养方面的全面提升。例如，内蒙古包头市通过建设增值性评价数据库和实时查询平台，能够追踪学生在不同阶段的发展情况，便于教师对学生的核心素养进行动态评价，并通过数据分析，进行前后增量比较，为教学改进提供科学依据。

随着教育部等相关单位致力于建设智能化基础教育评价系统，未来教育评价将更加倚重信息技术的支持，该系统具备智能化的数据采集、诊断和反馈功能，能及时、准确地为学生提供反馈，减轻教师和学生的负担。通过该系统，教师可以实时获取学生在学习过程中的各类数据，从而对学生的学习情况做出更加精准的评估。对于初中道德与法治课程而言，信息技术的应用不仅能提升评价的效率，还能增强评价的准确性与公正性，确保"以评育人"功能得以实现。

虽然智能化信息反馈系统新颖且复杂，但其有效应用仍依赖一线教师的积极参与。道法教师需要树立智能思维，保持开放心态，主动学习和接受信息技术，并将其有效地应用到课堂学习评价中。同时，学校应积极引入先进的课堂学习评价系统，并邀请专家对教师进行相关培训，以提升教师的信息素养和数据分析能力。通过教师的智能化引导，结合数据赋能，初中道德与法治学科的课堂学习评价能够更好地推动学生的自主学习，减少"满堂灌"式的教学方式，进而实现核心素养在学生心中内化并生根发芽。

第六章 核心素养视角下师生的培育及技术应用研究

在核心素养教育理念日益深化的背景下，初中道德与法治教学迎来了全新的挑战与机遇。本章将聚焦师生培育及技术在教育领域的应用，特别是如何提升教师的核心素养、培养学生的创新意识，以及有效利用多媒体技术来优化初中道德与法治教学。

第一节 初中道德与法治教学中教师核心素养的提升

一、初中道法教师核心素养的结构要素

（一）政治素养

1. 坚守政治信仰

道德与法治学科作为一门具有独立性和阶级性的社会人文教育学科，承载着鲜明的无产阶级特色，旨在培养爱党爱国、热爱社会主义的时代新人。作为中国特色社会主义教育的重要组成部分，道德与法治课不仅仅是知识的传递，更是价值观和信仰的塑造。为了确保这一教育目标的实现，教师的政治信仰尤为关键。

坚定的政治信仰构成了初中道德与法治教师的核心素养。教师应与党和

国家的理论路线、大政方针保持高度一致。在思想和行动上，教师要坚持中国特色社会主义的理想信念，以充分的政治觉悟和责任感，承担起教育引导学生的责任。

教师的核心任务是通过课堂教学，深入阐述新中国成立以来在党的领导下各族人民取得的辉煌成就，引导学生认同中国特色社会主义的伟大实践，培养他们的家国情怀。教师不仅要传授知识，更要通过自己的言行和信仰，激发学生的爱国热情，坚定他们的理想信念，使他们成为拥护中国共产党领导和社会主义制度的坚定支持者。

2. 保持政治忠诚

初中道法教师作为思想政治教育工作者，政治忠诚度是其履行职责的首要要求。教师能否坚守政治忠诚，在政治方向上是否与党保持高度一致，直接影响学生思想政治教育的效果。因此，初中道法教师必须将忠诚于社会主义政治信仰视为自身核心任务，坚定不移地成为共产主义远大理想的信仰者和忠诚实践者。

教师的政治忠诚应体现在对党组织的高度认同上，既要在思想上认同党的理论和路线，也要在行动上坚决服从党的领导。在感情上，始终保持对党的热爱，坚定支持党的事业，确保政治方向的正确性与一致性。对党的忠诚最终体现为对党事业的忠诚。教师应全力支持党的革命、建设和改革事业，坚决拥护党的路线方针政策，确保教育教学始终围绕党的中心工作展开。

3. 增强政治定力

政治定力的核心在于理想信念的坚定不移，它是思想政治教育的"定海神针"。在当前信息化社会，各类信息和别有用心的言论充斥其中，尤其对青少年的思想和价值观产生了深远影响。在此背景下，初中道法教师应将保持政治定力视为自身最重要的政治责任，不断提升对外部不良思想的自我抵制能力，增强对各种诱惑的自制力，并具备在复杂社会环境中经受考验的免疫能力。要保持政治定力，教师首先必须坚定共产主义远大理想和中国特色社会主义共同理想，深化对"四个自信"的认同，确保思想和行动同党中央保持高度一致。这不仅有助于巩固教师的政治立场，也能够为学生树立正确的世界观和价值观。

4. 提升政治能力

政治能力的提升源于对理论认知的深刻理解和坚定不移的信念。初中道法教师应持续深入学习习近平新时代中国特色社会主义思想，以此提升自身的政治认知与免疫能力，进一步强化思想政治教育工作者的政治站位。教师需善于从政治高度进行问题研究，培养从政治角度观察、思考和解决实际问题的习惯。面对具体问题时，要自觉思考政治要求，遵循政治原则，确保在工作中的每一个环节都体现政治敏锐性与政治责任感，做到在任何时刻、任何事务中都关注政治、讲究政治。

（二）人格素养

1.强化自我约束

教师作为学生道德、价值观念和情感发展的引导者，首先应通过严格的自我约束，修炼自身的高尚人格和深厚的文化素养，以此为基础，才能有效地影响和感召学生。教师应当深刻理解"欲明人者先自明，欲正人者先正己"的道理，做到言行一致、知行合一。教师的师德师风必须从内心信念转化为实际行动，这不仅是教师权威的保障，也是为学生树立榜样的作用所在。作为初中道法教师，其职责不仅是传授知识，更是进行道德教育与价值观引导，因此，教师的自我约束应成为日常教学实践中的重要组成部分，成为其教育工作中的一项基本修养。

2.修养正直人格

在教育过程中，初中道法教师应当具备正直的人格修养，以此作为开展教育工作的基础。教师要做到"正人者，先正己"，通过自身的言行、品德修养去感染和影响学生，真正做到为人师表。道德与法治课程所传播的正能量和社会主义核心价值观，要求教师本身具备充满正能量的人格特质。只有自身拥有真、善、美的高尚德行，教师才能为学生树立榜样，激发学生对美好价值的向往与追求。

（三）人文素养

1.积淀人文底蕴，丰富精神世界

初中道德与法治课程内容广泛，涵盖了政治、道德、法治、经济、文化、哲学等多个领域，这就要求教师具备深厚的人文底蕴，以便将这些复杂的知识生动且富有感染力地呈现给学生。道法教师的文化素养直接影响课程的教学效果，只有具备扎实的人文知识储备，教师才能将原本枯燥的知识讲解得

生动有趣，激发学生的学习兴趣，并引导他们思考和理解中华民族传统文化的博大精深。从孔子儒家思想到近现代的马克思主义理论，从中国古代的经典文学到当代的社会思潮涌现，教师都应具备深刻的认识和理解，帮助学生提升文化认同感和价值观，进而培养他们的批判性思维和人文素养。

2. 弘扬家国情怀，激发爱国热情

家国情怀是教师对祖国、民族和社会的真挚热爱，以及对时代变迁和国家发展历程的深刻关注。这种情感不仅是教师个人品格的重要体现，更是他们在教育工作中不可或缺的精神力量。教师以深厚的家国情怀为基础，通过言传身教，引导学生树立正确的家国情怀和社会责任感。在课堂教学中，教师可以通过讲解国家的辉煌历史、社会发展的巨大成就、民族团结的精神等内容，激发学生对祖国的热爱与自豪，同时引导他们在日常生活中关注国家和社会的进步与发展。教师要鼓励学生通过学习和实践，为国家的建设贡献自己的力量，将家国情怀融入学生的思想和行动中，培养他们的社会责任感和使命感，激励他们成长为具有担当精神的新时代公民。

（四）思维素养

1. 培养辩证思维，提升认知能力

辩证思维帮助学生以动态、发展的视角看待问题，使其能够从不同角度和层面进行分析与思考。教师应引导学生学会全面地看待问题，认识到事物的复杂性和多维性，而非片面地看待和评判。通过辩证思维，学生可以更深入地理解社会现象、道德问题和法治观念的内在联系，掌握问题的本质及其变化规律。在课堂教学中，教师应鼓励学生提出多样化的观点，培养他们从多个维度理解问题的能力，这不仅能提升学生的思维深度，还能增强其解决问题的综合能力。

2. 拓宽国际视野，增强跨文化交流能力

随着全球化进程的加速，思想政治教育不仅要注重本国的历史与发展，还应结合全球形势，帮助学生了解中国与世界的互动及其对全球政治经济产生的影响。教师应具备国际化视野，能够将国内外重要事件、国际政治格局以及全球化趋势与中国的社会发展紧密联系起来，让学生在了解国内政治、法律和道德的基础上，拓宽视野，深刻认识中国与世界的紧密联系。通过讲解中国与世界的互动，学生不仅能够增强对国家发展的认同感，还能够激发他们对全球事务的兴趣与关注，从而更好地融入全球化的时代背景中。

3. 强化问题思维，提升解决复杂问题的能力

科学的问题思维强调从实际出发，通过实践发现和解决问题。教师应根据学生身心发展的特征，灵活设计教学方法，既要注重知识的传授，又要关注学生思想和价值观的培养。在教学过程中，教师应运用辩证唯物主义和历史唯物主义的方法，帮助学生洞悉社会现象背后蕴藏的深层次原因，树立科学的世界观和方法论。科学的思维方式能帮助学生准确判断社会问题，培养他们分析和解决问题的能力，从而提升思想政治教育的针对性和实效性。教师应通过有效的教学策略，激发学生的求知欲和探索精神，引导他们在学习过程中不断积累经验，增强其独立思考和解决实际问题的能力。

（五）专业素养

1. 秉持先进的教育理念

先进的教育理念强调学生的全面发展，认为教育不仅仅是知识的传授，更是对学生人格、情感、道德等方面的培养。在这一理念下，教师应尊重学生的主体地位，将学生视为课堂的中心，充分关注学生的多方面成长，尤其是对学生思维能力、创新精神和社会责任感的培养。教师不应单纯追求教学内容的灌输，而是要注重教学过程中的引导与启发，帮助学生在实践中理解和运用所学知识。此外，"全人"理念的核心在于关注学生的个体差异，注重其兴趣、潜能和情感的多元化发展，这不仅有助于提高学生的综合素质，也能激发他们的学习兴趣和积极性。因此，教师在教学中应注重为学生提供自我发展的空间，帮助学生树立正确的人生观和价值观。

2. 创新教学方法

随着信息技术的飞速发展，教师应紧跟时代步伐，积极探索并应用现代化的教学手段，如多媒体、互联网、智能化教学平台等，以此提升课堂的互动性和吸引力。这些信息化技术不仅可以丰富课堂内容，还可以创设生动的教学情境，让学生在互动和体验中获得知识，激发他们的学习热情。通过互联网和多媒体等手段，教师得以突破传统教学模式的局限，为学生提供更加丰富、灵活的学习资源，并将抽象的理论知识具体化，使学生能够更好地理解和掌握。例如，通过情境模拟、案例分析等方式，能让学生身临其境地感受道德与法治问题，从而提高他们的思维深度和解决实际问题的能力。创新

的教学方法不仅提高了课堂的吸引力，更切实增强了学生的学习体验和获得感，帮助学生在实践中真正掌握和运用知识。

3. 锤炼教学艺术

精湛的教学艺术不仅能提升课堂氛围，还能有效增强学生对知识的理解和记忆。初中道法教师应注重培养幽默感和语言艺术，利用幽默的语言和生动的表现方式调动学生的学习积极性，营造轻松愉快的课堂气氛。在这种氛围中，学生能够放松心态，更加专注地学习知识。同时，教师应注重语言表达的亲和力与逻辑性，将复杂的理论概念以简明生动的方式呈现给学生。教师的语言应具有时代感和感染力，能够用学生易于理解的方式将抽象的政治、法律、道德理论概念转化为具体事例和生动语言，使学生在轻松的氛围中掌握知识，并且能够灵活运用这些知识解决实际问题。

二、初中道法教师核心素养的提升策略

新时代初中道法教师的核心素养涵盖政治素养、人格素养、人文素养、思维素养和专业素养五大要素，这些要素相互关联、相辅相成，共同构成一个有机的整体。提升教师核心素养是一个持续发展的过程，既需要长期的积累和努力，也是一项复杂而艰巨的任务。

（一）加强政治教育，坚定教育立场

1. 坚守立德树人根本任务

初中道德与法治课程是落实立德树人教育理念的重要平台。课程的设计应与学科基础知识和特色紧密衔接，尤其要融入社会主义核心价值观，以此强化对学生的思想道德修养与综合素养的培养。在教学过程中，教师不仅要注重提升学生的学术能力，更要引导学生从道德和法律的角度思考问题，促使其形成正确的世界观、人生观和价值观。

在贯彻党的方针政策方面，初中道德与法治课程应充分体现党的教育理念，特别是要将党的二十大精神和习近平新时代中国特色社会主义思想融入教学内容之中。在教学过程中，教师要紧密结合国家的发展需求和青少年独特的思想特点，引导学生树立正确的价值观，增强其对党和国家的认同感与责任感。同时，课程还应关注理论与实践的结合，让学生深入理解和掌握党和国家的基本政策，以便更好地为国家的发展贡献力量。

初中阶段的道德与法治教育尤其要注重学生主体性的发挥，帮助学生在道德与政治素养方面实现全面成长。学校应为学生提供充足的实践机会和身心发展的支持，创造有利于学生成长的良好环境，确保德育优先的理念落实到每一堂课和每一次实践中。通过这样的教育安排，学生能够在思想政治教育中得到更好的锻炼，为未来的社会角色定位奠定坚实基础。

初中道德与法治课程在整个教育体系中发挥着引领作用，它不仅是学生学习法律常识和道德规范的课堂，更是激励学生全方位发展的动力源泉。教师在课堂中要积极发挥思想政治教育的引导作用，通过讨论、案例分析等方式，激发学生的思考，引导其形成正确的思维方式和行为规范，既提升学生的科学文化素质，又强化道德素养，培养全面发展的新时代青年。

2. 深化政治理论学习

初中道德与法治教学要紧跟时代发展的步伐，教师应不断加强对国家最新政策方针和前沿教育改革的学习，确保教学内容与方法与时俱进。随着社会不断进步，教育理念和要求也在不断变化，教师应结合时代特点，不断更新教学方法，优化教学材料，确保学生能够理解和适应当今社会的变化与挑战。在教学中，教师要将这一思想融入课程，帮助学生树立科学的世界观、人生观和价值观，增强学生的政治意识和社会责任感，进一步强化其对国家发展和社会进步的认同。为了提升课堂吸引力，教师应充分利用中国取得的辉煌成就，通过讲解革命精神、优秀传统文化以及感人故事等典型案例，引导学生深入理解中国的发展历程和取得的成就。这些内容不仅能够激发学生的民族自豪感，还能够有效传播中国的声音，弘扬正能量，帮助学生形成正确的价值判断。在此基础上，初中道法教师还应通过崇高的信仰、坚定的信心和热情的态度，激发学生的奋斗精神。

3. 坚定政治立场

教师应通过自身实践将个人信念与实际紧密结合，将思想道德与法治理念落到实处，做到言传身教。教师应深入理解和感悟社会主义核心价值观，将其内化为个人信念，并通过教学引导学生在日常生活中践行这些价值观，从而培养学生坚定的政治立场。

在教学中，教师还需弘扬中国特色社会主义思想，特别是习近平新时代中国特色社会主义思想。教师应将这一思想转化为内心信仰，结合生动的案例与理论，运用富有亲和力的话语打动学生，让学生深刻理解马克思主义的科学性与真理的力量，增强其对这一思想的信服与认同。

教师还应向学生传递马克思主义与中国国情相结合的重要性。只有将马克思主义理论与中国的社会实际相结合，才能推动社会发展，实现中华民族伟大复兴的宏伟目标。教师应通过历史看现实的案例，让学生明白马克思主义的实践力量和历史作用，从而传递信仰的力量，激发学生对国家未来发展的信心，培养其责任感。

初中道德与法治教师在课堂中不仅是思想政治知识的传播者，更是学生世界观、人生观和价值观的引领者。教师需要通过坚定的政治立场、真挚的情感和积极的行动，培养学生正确的政治认同，引导他们树立正确的人生目标，增强他们的社会责任感与使命感，为未来的社会发展贡献力量。

4. 增强制度认同

制度认同是指政治个体基于对国家政治、经济和社会治理体系的信赖与肯定，而产生的政治归属感。它反映了个体对国家治理体系的认同与依赖，是稳定社会、凝聚共识的重要基础。制度认同使个体在国家治理中找到自己的位置，增强对国家的认同与责任感。

我国的根本制度涉及多个方面，包括政治思想法制、政治经济管理、文化教育、执政党制度、民族和宗教政策、公共资源分配、税收财政管理及市场经济等。这些制度的有机结合和协调发展是我国在复杂国际环境和多元社会背景下，得以保持稳定与持续发展的根本保障。理解和认同这些制度对于增强国家认同感、维护社会和谐具有重要意义。

在初中道德与法治教学中，教师肩负着重要责任。教师应深入学习并理解我国法治制度的法律基础和内容，全面掌握制度的合理性与合法性，及时更新对当前政治形势的认知。通过准确传达制度知识，帮助学生形成对我国政治体系和社会制度的基本认知，为学生奠定良好的制度认同基础。

（二）激发创新意识，提升教学能力

面对社会的不断变化，初中道法教师必须勇于创新，具体体现在思维和视野两方面。从教育对象的年龄来看，教师往往不得不"以不变应万变""铁打的教师，流水的学生"。春去秋来，三年轮回，教师自身年龄不断增长，而每一代学生的思想观念、成长中的社会环境等方面都存在巨大差异。思想政治学科是一门与时俱进的学科，教材内容会根据时代的发展和时局的变化而调整，若初中道法教师在教学态度上也抱定"以不变应万变"的陈旧理念，不以新的视角和方法对教学进行研究分析，教学效果必会大打折扣。

　　教师是学生的引路人，其所站的高度、具有的眼界和视野，将直接影响和决定学生的眼界和思路。初中道法教师应具有国际视野和历史视野。在中国日益走近世界舞台中央的今天，整个世界俨然一个地球村。在这样的世界发展大背景下，道法教师需要拥有更宽广的国际视野，善于以国际化的眼光和胸怀，引导学生辩证地看待世界大变局给中国特色社会主义建设带来的机遇与挑战。同时要注意以史为鉴。历史既是一本"教科书"，也是一剂"醒脑药"，借鉴昨天看今天，才能更好地知明天。道法教师更好地驾驭历史，说理方能深入浅出，史论结合，有理有据。为此，初中道法教师可从以下三个方面提升自我的创新意识。

　　1. 转变思维方式，强化教学反思与实践

　　教师的成长是一个持续的过程，经验积累固然重要，但更为关键的是通过反思，特别是将所学理论与教学实践相结合，形成不断提升的内在动力。反思不仅能帮助教师识别自身的不足，还能促进其在教学中的持续进步，是提升教学质量和职业素养的必要途径。

　　教学反思对于教师核心素养提升至关重要。通过反思，教师能够及时、持续地调整和改进课堂教学，从而更从容地应对教学中的各种挑战，提高教学效果。这种反思不仅有助于改进教学实践，还能帮助教师深入理解教育理念和教学方法，为学生提供更加高效和有意义的学习体验。

　　不同教龄层次的教师在反思方法上有所不同。对于新教师来说，可以采用学习反思法，从理论知识或成功的教学案例中吸取经验教训，或者运用实证反思法，通过观察和分析自己的教学行为，找出改进的空间。而对于有经验的教师来说，反思的形式则更加深入，可以通过教育叙事和撰写教学论文等方式进行科研反思，整理和总结教学经验，推动专业发展，进一步提升教学的深度与广度。

　　反思的深度和内容是多层次的，应包括教学理念、教学过程、教学设计和教学效果等方面。教师在反思过程中要全面审视自己在各个教学环节中的表现，从理念到实际操作，再到最终效果，进行综合评估和调整。

　　2. 紧跟时代步伐，加强教学研究与创新

教学研究的主要目的是增强课堂教学的实效，通过研究教学方法、教材以及解决教学过程中出现的问题，不仅能帮助教师改善教学质量，也能促使其在教学实践中不断学习和成长。教学研究既是学习的过程，也是教学的过程，它通过不断探索和反思，帮助教师优化教学策略和方法，从而提升课堂效果。

在信息时代，教师的知识获取途径已不再仅限于传统的书本，而是可以凭借互联网和各种信息设备广泛获取最新的教育资源。这使得教师能够实时了解教育领域的新动向和教学技术，为教学创新提供了更多的支持和可能性。因此，教师应充分利用信息技术，将其有效融入教学中，从而提升课堂的互动性和实效性。

教师在教学中的角色是双重的，他们既是知识的传授者，也是教育教学的研究者和开发者。教师需要具备开发意识和自主性，探索研究技巧，培养科研能力，并不断通过教学实践进行自我提升。教师的研究不仅限于教学方法的改进，还应注重学生的主体地位，尊重学生的自主学习能力，激发学生的学习主动性，而非仅仅将其视为被动的知识接受者。

教学与研究紧密相连，教师应在教学过程中担任"研究者"的角色，进行持续的反思和研究。通过反思，教师可以探索出更加适合学生需求的教学方式，不断提高教学质量和效果。在这一过程中，科研对教师的教学工作有着重要的推动作用。初中道法教师应认识到科研的重要性，并在实践中检验研究成果，勇于尝试，不畏失败，将每一次失败看作迈向成功的积累，从而不断提升自己的科研素养和教学水平。

3.拓宽知识视野，提升综合文化素养

初中思想政治教学涵盖了政治、哲学、文化、经济、历史等多个领域，内容较为丰富且具有较强的抽象性。由于初中生尚处于涉世未深的阶段，这些内容可能显得较为遥远和难以理解。因此，初中道法教师在教学过程中应采用多样化的方式，使教学内容更加生动和具有吸引力。通过串联式的教学方法，将国内外的历史、军事、文化等相关领域的知识融入新课讲授中，能够有效契合学生旺盛的求知欲望，激发他们的学习兴趣，使他们认识到政治与社会生活息息相关，从而更好地实现教学目标。

教师在进行教学准备时，无论是对已有知识的复习巩固，还是对新知识的掌握，都有助于其不断充实个人的知识储备，拓展思维的广度，并开阔视野。通过这种方式，教师不仅能够更好地理解和教授教材内容，还能够形成全面的教学体系，提高课堂的教学效果。

初中道法教师还需在自身专业领域的学习基础上，拓展其他学科知识的学习。首先，教师应当秉持终身学习的理念，持续更新自己的知识结构，紧跟时代发展的步伐；其次，教师应扩大自己的知识面，广泛涉猎跨学科的内容，积极开展跨领域学习，这有助于教师形成更加立体化的知识框架，从而增强其教学的深度与广度，提高整体教学水平。

（三）培育高尚人格，树立师德典范

人格是个体内在品质的综合表现，涵盖个体的气质、能力、品质、道德等。而人格形象则是个体内在品格的外在表现。道德、情感、政治和智能人格共同构成了道法教师的人格体系，道法教师的人格形象由这些人格的外在表现构成。通过人格形象的全面分析，不仅能够判断出道法教师的思想觉悟、道德情操，还能够判断出其工作能力的高低。

1. 深入把握社会主义核心价值观

社会主义核心价值观不仅是国家发展和社会进步的价值导向，也在个人层面上构成了公民行为的基本准则。对于初中道法教师而言，深刻领悟这一价值观，特别是个人层面上的基本道德规范，既是教师职业道德的根本要求，也是培养学生责任感和社会认同感的基础。教师应将这些价值观融入教学中，通过具体的案例分析和生动的课堂讲解，使学生在理解中国特色社会主义理论的同时，认同并践行社会主义核心价值观，从而为未来成长为中国特色社会主义事业的建设者和接班人奠定坚实的思想基础。

2. 完善自身道德修养

教师的品行和行为对学生的影响深远，不仅仅体现在课堂教学中，更体现在日常生活的点滴中。教师作为学生的榜样，其言行举止直接影响学生的价值观和道德认知。因此，教师应注重自身道德修养的提升，严格遵循职业道德规范，树立良好的个人形象。在日常教学中，教师应通过言传身教，将正直、诚实、责任等品德内化为行为准则，用实际行动为学生树立榜样。这样，教师的个人修养不仅能够在课堂上传递给学生，也能够通过日常互动交流，潜移默化地塑造学生的道德素养。

3.积累丰厚的文化意蕴

初中道法教师需具有丰厚的文化底蕴，特别是在讲授中国传统文化时，应当具备深厚的文化积淀。教师可以通过讲解中国历史故事、传统文化价值以及经典思想，引导学生从中汲取智慧和力量，不断增强学生对中华文化的自豪感与自信心。中国传统文化蕴含着丰富的思想资源，是学生认知自我、理解社会的重要基础。教师不仅要注重对中国传统文化的学习与传承，还要了解世界各国的先进文化，拓宽自身视野，增强文化交流的意识。

（四）锻造教学艺术，提升课堂魅力

初中思想政治教育既是科学，也是艺术。初中道法教师不断学习先进、有效的教学手段，锻造自身的教学艺术是取得良好课堂效果的重要手段之一。教育本质上是心灵之间的碰撞，在具体的课堂教学过程中，要达到良好的课堂效果，将教学内容讲得生动有趣，教师必须掌握切实有效的教学技巧，逐渐形成自我的教学风格，淬炼自身教学艺术。

1.提升语言表达能力，增强课堂感染力

初中道德与法治教学要求教师不仅精通本专业的知识，还应不断拓宽知识面。教师应深入学习和准确理解课程要求，精研教材内容，形成稳固的专业知识体系。同时，教师还应广泛涉猎语言学、逻辑学等相关领域的知识，并关注风土习俗、民俗文化等内容，这有助于提升其语言表达的多样性和艺术感，从而为教学提供更加丰富的理论支持和实践资源。

语言艺术作为初中道法教师核心素养的重要组成部分，直接影响着课堂教学效果。教师应具备灵活的语言运用能力，通过准确、形象、生动且富有幽默感的语言，吸引学生的注意力，增强课堂的互动性和吸引力。出色的语言艺术能够使课堂气氛充满活力，调动学生的积极性，提高学习效果。教师应充分发挥语言艺术，使抽象的思想政治内容更加贴近学生的生活和心理需求，帮助学生更好地理解和接受知识。

在语言表达方面，教师首先必须保证语言的准确性，确保教学内容的完整性和正确性，这对于学生理解知识至关重要。其次，语言的生动性同样重要，教师应通过声情并茂的表达，将枯燥的知识转化为生动的教学内容，激发学生的学习兴趣，增强他们对知识的吸收和理解。通过生动的语言，教学内容能够更加灵活地呈现出来，进一步促进学生的深刻理解和思维拓展。

幽默感是语言艺术中的一项重要技能，合理运用幽默语言不仅能活跃课堂氛围，还能调动学生的情绪，改善师生关系，提升课堂教学的实效性。教师应根据课堂实际情况，恰到好处地运用幽默元素，使学生在轻松愉快的氛围中提高学习兴趣，进而增强教学效果。

2. 激发情感共鸣，营造积极课堂氛围

疏导沟通艺术旨在引导学生形成正确的认识和思想，避免其走偏或走上错误的道路，同时促进与学生的情感交流，帮助其更好地理解和接受教育内容。教师应选择恰当的时机和场合，针对学生思想或情感层面出现的矛盾和困惑，找到有效切入点，推动沟通的顺利进行。通过选择学生感兴趣的话题，教师能够提高沟通的吸引力，激发学生的学习热情，从而提升互动的积极性和有效性。此外，教师在沟通过程中应保持温和的态度、关怀的语气和得体的措辞，这不仅有助于建立信任关系，还能消除学生的防备心理，确保沟通的顺畅与高效。

3. 合理运用表扬与批评，激励学生成长

恰当的表扬能够极大地促进学生的成长，增强他们的自信心，并帮助他们发现和发扬自身优点。教师的真诚表扬体现了对学生的关爱和肯定，能够鼓励学生不断进步，激发其内在的上进心。表扬不仅要及时，更应富有建设性，在肯定他们的同时提出更高要求，激发学生的探索精神，鼓励他们勇于迎接新的挑战，实现自我超越。

教师还应善于发掘学生的闪光点，并及时给予表扬，这有助于增强学生的自信心，激发他们更强烈的学习动机。然而，表扬的同时，教师也应注重批评的合理运用。合理的批评能够帮助学生改正不良习惯、弥补自身不足，并推动其进步。在批评过程中，教师应根据问题的性质，选择合适的批评方式，将严格要求与尊重学生的人格相结合，避免过度批评导致学生产生逆反心理。同时，批评应保持平等性，不应因学生成绩优劣而区别对待，避免因偏袒造成不良影响。教师在进行批评时，必须做到言行一致，成为学生的榜样。只有这样，批评才能具有更强的说服力，帮助学生更好地理解并接受，从而更有效地推动思想政治教育的实施。

4. 增强心理调适能力，保持积极心态

初中道德与法治教学不仅要求教师具备专业知识和教学技能，还要求教师具备良好的心理素质，以应对来自家长、学生、学校和社会等方面的多重压力。教师的心理情绪容易受到外界压力的影响，这可能对教学效果和学生发展产生不利影响。因此，教师应当充分认识到心理素质对教学的重要性，良好的心理素质能够有效营造愉悦的课堂氛围，培养学生的奉献精神，帮助学生建立自信心，进而促进学生的全面发展。

为了有效管理情绪，初中道法教师应不断提升自身的心理承受能力，学会调节负面情绪。教师不仅需要关注自我情绪的调整，还需要通过情绪的调节，帮助学生缓解学习中的压力和紧张情绪。提升心理承受能力的方式丰富多样，如通过与他人沟通交流、合理宣泄压力、转移注意力等方式，或通过参与专业心理训练来增强情绪管理能力。这些方法都有助于教师保持积极心态，在教学中更好地发挥自身作用。

道德与法治课程的内容应充满生动的情感表达，给学生带来心灵上的触动与美好的享受。教师核心素养的提升应在"不忘初心、牢记使命"的主题教育中不断推进。教师通过不断提升自身素养，能够成为具有人格魅力的引路人，帮助学生树立正确的人生观、价值观，培养学生成为具有社会责任感的公民。

第二节　初中道德与法治教学中学生创新意识的培养

随着我国教育改革工作的不断深入和发展，各个学科都应该顺应我国发展的潮流，为科目的教学注入新的动力。因此，教师应充分培养学生的创新意识，助力学生更高效地学习相关知识。

一、积极沟通，营造发展创新意识的氛围

我国初中道德与法治课程的教学现状表明，许多教师尚未充分认识到学生创新精神在学习过程中的重要性。大多数教师仍采用传统的教学模式，即由教师主导的讲授方式，学生处于被动听讲的状态。这种教学方法未能有效激发学生的创新意识和思维能力，导致学生在课堂上的思考局限于对知识的

被动接受。在这种情形下，学生的创新能力难以得到充分培养，而教师对学生创新意识的重视程度也显得不足。同时，由于学生在面对教师时往往存在一定的畏惧心理，使他们在课堂上不敢表达自己的观点和看法。这种心理障碍进一步制约了学生创造性思维的发展，降低了课堂互动的质量，且影响了学生自信心的建立。为了解决这一教学困境，教师应加强与学生的沟通与交流，深入了解学生的心理特点和个性需求，从而更好地设计课程内容并满足学生的个性化学习需求。

此外，教师应根据我国教育发展的背景，以及初中生的兴趣和爱好，有针对性地制订更具创新性和活力的教学计划。这种教学策略不仅能吸引学生的注意力，还能激发他们的创新思维和求知欲望。通过师生之间的积极互动，不仅有助于构建更加和谐的师生关系，还能为学生创造一个有利于创新意识发展的教学环境，进而提升教育教学的整体效果。

二、创设问题情境，激发学生的创新动机

在以往的初中道德与法治教学过程中，教学效果未能达到理想状态，原因之一在于教师未能充分挖掘学生的思维潜能，未能为学生提供足够的独立思考与探索的机会。因此，学生的创新思维和能力未能得到充分锻炼和提升。为此，教师应当重视将道德与法治教学融入情境教学中，为学生提供更多的思考与表达空间，从而促进其思维的活跃与创新。

具体而言，教师可以通过设置与教学内容相关的实际问题，首先引导学生进行思考，激发他们自主探究的兴趣。随后，创设相应情境，使学生能够在情境中体验知识的运用和价值的体现，进而加强对知识的理解和记忆。在这一过程中，教师通过营造轻松、开放的学习氛围，鼓励学生发表个人观点，从而增强他们的参与感与认同感。这种方法不仅有助于学生主动学习，激发其内在的求知渴望，还能培养学生的批判性思维与问题解决能力，进而促进创新思维能力的提升。

三、融合信息技术，打造开放式创新课堂

在初中道德与法治教学中，传统的语言讲授方式已无法满足现代学生的学习需求，尤其在培养学生创新意识方面，单一的教学方法难以激发学生的兴趣和主动性。因此，教师应当积极利用信息技术手段，创新教学方式，以提高课堂效率，优化学生的学习体验。

信息技术的应用不仅可以打破传统教学的局限，还可以激发学生的兴趣和参与感。通过多媒体、网络平台等现代化工具，教师能够为学生呈现更加丰富和直观的教学内容，从而增强课堂的互动性和吸引力。例如，在讲解涉及生命与生态的主题时，教师可以利用互联网资源，播放相关的影像资料，营造具有科技感的学习氛围。如通过展示荒凉星球的图片并抛出启发性问题，教师能够引导学生思考自然环境与生命的关系，激发学生的思维探索，从而有效地激活课堂氛围，促使学生主动思考和参与讨论。

　　信息技术的引入不仅使课程内容更加生动、形象，也促进了教学方式的多样化。通过这种创新的教学模式，学生能够在更富有趣味和挑战的课堂环境中获得知识，从而增强学习的动力和创造力。教师利用信息技术创设的情境，不仅能够使学生更深刻地理解道德与法治的核心价值，还能够培养他们的批判性思维和创新能力。

四、游戏化教学导入，启迪创新思维火花

　　初中生正处于好奇心旺盛的年龄阶段，容易被新颖和有趣的事物吸引。因此，教师在道德与法治教学中，可以采用学生喜爱的方式，调动他们的学习兴趣。游戏作为一种深受学生欢迎的活动形式，可以将其有效地融入课堂教学，为学生提供富有趣味性的学习体验。通过将教学内容与游戏相结合，不仅能够增加课堂的互动性，还能够在一定程度上缓解学生的学习压力，帮助他们更轻松地进入学习状态。

　　具体而言，教师可以通过设计适当的游戏环节，将抽象的知识点以生动有趣的形式呈现给学生。这种方式不仅能够激发学生的参与热情，还能够促使学生在互动中深化对知识的理解和掌握。游戏化的教学方法能够有效调动学生的主动性和积极性，提高课堂的学习效率，并帮助学生更好地理解相关概念。例如，通过游戏活动引导学生思考情绪的多样性和相关类型，能够增强学生对这些抽象知识点的直观感知和理解，从而提高学习的兴趣和效果。

第三节　多媒体技术在初中道德与法治教学中的应用

初中道德与法治课程应积极采用网络多媒体技术作为教学改革的核心技术支持，不仅能够辅助教师的课堂讲解，还能够为学生提供更加丰富的学习、交流和互动的技术平台。

网络多媒体技术融合了计算机、网络和多媒体技术，利用图像、声音、视频等元素，在网络实现信息的传输和交换。它具有多媒体的功能和网络的机制，能有效提升课堂教学的互动性与生动性。具体来说，网络多媒体技术不仅支持多媒体教学、在线学习和虚拟仿真实验等形式，还能为教师提供电子教案等辅助工具，极大地丰富了教学手段和教学内容。

从网络多媒体技术的特征来看，其数字化、平等性和个性化特点尤为突出。其中，数字化确保了信息的传输更加高效和精确，平等性突破了传统教育中信息传递的单向性，使教师和学生之间的交流更加双向、互动，个性化则体现为学生能够根据自身学习需求，灵活定制学习内容与进度。这些特征使网络多媒体技术在教学中得以广泛应用，不仅能够为学生提供个性化的学习体验，还能够提升课堂教学的参与感和互动性。

一、多媒体技术在初中道德与法治课程教学中的优势

（一）视听与体验相结合，促进个性化学习

网络多媒体技术的应用具有显著优势，尤其在促进学生个性化学习方面。通过网络平台和多媒体设备，教师能够在课堂上制作出各种富有创意的多媒体课件，将道德与法治的理论知识转化为更加生动、形象的视听材料，如微课、视频、图片、动画及互动游戏等。与传统的教师口头讲解和板书教学相比，这种方式大大降低了学生的学习难度，将抽象的政治知识形象化，增强学生对课程内容的感知和理解。视觉和听觉的双重刺激帮助学生更加深入地理解课堂内容，进而激发他们的学习兴趣和探索精神。通过这种视听与体验相结合的创新学习方式，学生能够根据自身的学习进度和兴趣进行个性化学

习，摆脱了传统教学方式下单一的学习路径，满足了不同学生的需求，增强了课堂学习的效果。

（二）优质资源供给，提升教学内容质量

网络多媒体技术的本质在于将计算机技术、网络平台和多媒体设备有机结合，它不仅为教师提供了技术支持，还为课程资源的获取和教学设计提供了丰富的支持平台。如通过访问如国家中小学智慧教育平台、清华在线教育平台、腾讯课堂等多个在线教育平台，教师可以轻松获得大量优质的课程资源和教学案例。这些平台汇集了各种教学资料，教师可以从中选取道德与法治课程相关的素材，利用多媒体设备将其整合到课件中，并通过大屏幕或线上教学软件展示给学生。这样，学生不仅能够接触到课本中的内容，还能够拓宽视野，获取课本以外的知识，从而提高课程的教学质量。

（三）线上平台赋能，突破传统课堂限制

网络多媒体技术的功能不仅局限于传统课堂中的多媒体设备应用，它还通过线上教学平台的应用拓展了教学场景。随着在线直播课、微课和线上公开课等教学形式的发展，网络多媒体技术为教学活动提供了更为广阔的空间。教师利用线上平台能够突破传统课堂的时空限制，实现课堂教学的灵活性和多样性，为学生提供更多的学习机会和资源。网络平台赋能传统教学，使"第二课堂"的出现成为可能，线上和线下课堂的结合能够让学生在不同的学习场景中获得更为全面的教育体验。此外，网络多媒体技术的运用还推动了翻转课堂、微课教学等教学模式的实施，教师可以根据学生的学习需求灵活调整课堂内容和组织活动，促进学生自主学习，激发学生的探索欲望和创新能力。

二、多媒体技术在初中道德与法治课程教学中的实践

（一）交互式多媒体设备助力人机交互教学

对于初中道德与法治课程而言，教师可通过交互式多媒体设备有效提升课堂的互动性和学生的学习体验。此类设备能够实现学生与课堂内容的深度互动，使学生从传统的被动接受知识转变为主动参与课堂活动。例如，在讲解"维护国家利益"这一单元时，教师可以借助交互式多媒体设备设计一系列与课程内容紧密相关的互动游戏，帮助学生理解国家利益至上的重要性。

教师通过设定不同的学习任务，并通过设备展示相关图形和画面，学生可以直接在大屏幕上进行操作，如拖动、点击、选择等，从而完成游戏任务并找到正确答案。通过这种互动式教学，学生能够在动手操作中加深对知识点的理解，同时提升他们的课堂参与感与学习积极性。

（二）构建翻转式课堂，促进自主学习与合作探究

网络多媒体技术的广泛应用为初中道德与法治课程的翻转式课堂模式提供了技术保障，促进了教学方法的革新和课堂形式的转型。翻转课堂作为一种新型的教学模式，强调学生的自主学习与合作探究，教师通过多媒体平台发布学习任务，学生通过网络资源或课外资料自主完成学习内容，然后在课堂上与同学们共同分享学习成果，教师再根据学生的学习情况进行点评和指导。在道德与法治课程中，翻转课堂的应用尤为重要。例如，在讲授"做情绪情感的主人"这一单元时，教师可以设计合适的自主学习任务，要求学生利用网络平台查找和分析相关资料，并在小组合作的过程中展开探讨与交流。学生们通过自主学习与合作探究，积累知识并形成自己的见解。最终，在课堂上，教师引导学生进行分享和讨论，通过多媒体设备记录下每个小组的学习成果和遇到的问题，帮助学生梳理知识脉络并逐一解决疑难问题。通过这种方式，翻转课堂有效突破了传统教学模式中的时间和空间限制，使学生在自主学习和集体讨论中提升了思维能力和分析问题的技巧。此外，教师也能通过这种方式及时了解学生的学习情况，调整教学策略，从而提高教学的针对性和有效性。

（三）挖掘优质资源，打造政治微课课堂

微课作为一种新型的教学模式，利用信息技术和网络平台，结合多媒体技术，制作时长为 5 ～ 10 分钟的小型课件，通过互联网进行教学活动。微课在初中道德与法治课程中的应用为教师提供了创新的教学方法，能够有效调动学生的学习兴趣，并促进课堂学习的互动性和学生的参与感。微课教学通过大屏幕播放动画、视频、声音和图像等多媒体元素，不仅能帮助学生将课本中抽象的知识转化为形象、生动的符号，还能从多个维度激发学生的情感、注意力和兴趣，从而提高课堂教学效果。

在初中道德与法治课程中，微课的设计和实施离不开网络多媒体技术的支持。教师需要通过网络平台挖掘和收集优质的课程资源，进而制作合适的微课课件。具体来说，教师可借助现代教育技术工具，结合互联网平台的丰

富资源进行内容创作和课件制作。以道德与法治七年级下册第四单元"走进法治天地"为例，该单元的核心目标是帮助学生全面、客观、准确地理解法律与道德的本质。教师可以借助主流微课设计工具，对从国家中小学智慧教育平台获取的生活情境视频和图片进行创编，制作出富有创意和互动性的课件，利用 3D 缩放、旋转等特效，使内容呈现更加生动和富有吸引力。通过这种方式，教师不仅能够为学生提供更具有趣味性和深度的教学内容，还能够通过微课为学生提供自主探索的空间，引导他们在课堂外进行进一步的思考和研究。

在实际教学过程中，教师可将制作好的微课视频通过多媒体设备播放给学生，利用简短的教学视频激发学生的思考和探索兴趣。微课视频不仅能够作为课前导入，引发学生对课程的兴趣，还能够帮助学生在课堂上进行知识点的回顾和巩固。

（四）开展复习教学，巩固知识体系

通过运用网络多媒体技术，教师能够带领学生使用多媒体设备进行有效的知识回顾和总结，帮助学生全面理解和掌握课程内容。在复习教学中，教师可以结合多媒体设备与思维导图教学法，充分发挥信息技术的优势。例如，教师可以借助多媒体设备提前设计相关课程的知识点，并在大屏幕上展示单元主题词，引导学生进行思考和回顾。通过多媒体设备，教师能够帮助学生将知识要素串联起来，逐步绘制出知识导图。学生通过围绕主题词进行相关知识点的回忆和思考，能够将不同知识点相互关联，促进对整个单元知识的全面记忆与系统理解。

此外，教师还可以通过教室中的打印设备，或课下利用其他渠道，将多媒体课件中的知识框架图打印并分发给学生。学生可以将这些图表作为便签夹在课本中，以便随时查阅复习。这种方式不仅能帮助学生巩固知识，还为其后续学习提供了便利的参考资料。

（五）拓展课堂空间，实施线上课程教学

网络多媒体技术在初中政治课堂中的应用，有效拓展了课堂空间，突破了传统教学场景的局限。借助这一技术，教师能够将课程教学延伸至课外，赋予道德与法治课程更多元化的教学形式和可能性。通过网络平台，教师能够设计并实施更加灵活的教学活动，从而提升学生的参与感和学习效果。

在具体应用中，教师可通过智慧教学平台，如超星学习通，建设丰富的

课程资源库，并布置课前的自主学习任务。这些任务可以包括文献阅读、在线课程学习、资源整理以及小组汇报等形式，学生通过平台提交作业后，教师可以实时评阅，及时了解学生的学习情况，为课堂活动的开展提供数据支持。在课堂上，教师可以通过腾讯会议等工具进行实时在线直播，借助平台发布互动活动，全班学生可参与其中。借助平台的大数据分析，教师能够实时掌握学生对知识点的掌握情况，进而调整教学进度，确保教学的针对性与有效性。课后，教师通过学习通平台布置实践任务并进行作业回收批改，同时组织学生进行互评。这不仅促进了学生的自主学习，还增强了合作与互动的氛围。此外，开通答疑通道能够有效解决学生在学习过程中遇到的问题，保证问题得到及时解决。

参考文献

[1] 李晓东. 初中道德与法治课程的内容结构及其实施 [J]. 思想政治课教学,2022(9):4-8.

[2] 陈万柏, 张耀灿. 思想政治教育学原理 [M].3 版. 北京: 高等教育出版社,2015.

[3] 崔允漷. 试论新课标对学习评价目标与路径的建构 [J]. 中国教育学刊,2022(7):65-70+78.

[4] 陈拥贤. 信息技术赋能中小学教育评价改革的思考 [J]. 教育家,2021(2):34-35.

[5] 胡田庚. 新理念思想政治(品德)教学论 [M].3 版. 北京: 北京大学出版社,2019.

[6] 杨志义. 核心素养下初中道德与法治课程教学新途径 [J]. 华夏教师,2024(32):114-116.

[7] 王有鹏. 初中道德与法治道德修养核心素养解读 [J]. 中学政治教学参考,2023(6):17-19.

[8] 王丽曼. 核心素养背景下初中道德与法治课程教学优化的思考和实践 [J]. 教师教育论坛,2023(8):72-74.

[9] 朱从林. 核心素养导向下初中道德与法治课堂教学策略研究 [J]. 华夏教师,2023(22):86-88.

[10] 刘彦英. 论核心素养下初中道德与法治结合历史课堂情境创设研究 [J]. 河北大学成人教育学院学报,2023,25(2):119-122.

[11] 林清. 核心素养下初中道德与法治大单元教学策略研究 [J]. 名师在线,2024(9):65-67.

[12] 廖雪云 . 核心素养下初中道德与法治课堂有效提问的策略探究 [J]. 名师在线 ,2024(9):11-13.

[13] 杨伟东 . 初中道德与法治核心素养的衔接思维与关系模型建构 [J]. 中学政治教学参考 ,2022(34):9-12.

[14] 林盈 . 基于核心素养的初中道德与法治生活化教学策略探究 [J]. 名师在线 ,2024(29):82-84.

[15] 李栋武 . 核心素养本位下初中道德与法治大单元教学策略研究 [J]. 名师在线 ,2024(27):61-63.

[16] 杨俊英 . 核心素养视域下初中道德与法治议题式教学实践策略探索 [J]. 名师在线 ,2024(14):94-96.

[17] 王越 . 指向法治素养的初中道德与法治教学探究 [J]. 黑龙江教师发展学院学报 ,2024,43(4):124-126.

[18] 段伟 . 初中道德与法治课议题式教学 : 生成逻辑与实践策略 [J]. 天津师范大学学报 (基础教育版),2024,25(5):56-61.

[19] 眭婧晨 . 基于政治素养培育的初中思想品德课教学探究 [D]. 青海 : 青海师范大学 ,2019:5-20.

[20] 余海生 . 初中道德与法治教学中的德育实践 [J]. 河南教育 (教师教育),2024(8):36-37.

[21] 李榕 . 核心素养视域下初中道德与法治课大单元教学设计的策略研究 [D]. 沈阳 : 沈阳师范大学 ,2023:19-44.

[22] 蔡清田 . 核心素养的学理基础与教育培养 [J]. 华东师范大学学报 (教育科学版),2018,36(1):42-54+161.

[23] 王海艳 . 浅议核心素养在政治教学中的实施策略 [J]. 黑河学刊 ,2018(4):130-131.

[24] 马国文 . 中小学道德与法治教学中开展劳动教育策略研究 [J]. 国家通用语言文字教学与研究 ,2023(4):61-63.

[25] 邱思雨 . 网络时代下优化集体主义教育路径研究 [J]. 现代商贸工业 ,2023,44(4):194-195.

[26] 毛齐明 . 学习中心视角下的大单元教学设计 [J]. 课程·教材·教法 ,2024,44(3):52-58.

[27] 杨颖 . 初中道德与法治单元教学设计实践研究 [J]. 思想政治课研究 ,2020(4):152-156.

[28] 程勇 . 学科大概念 : 单元教学推进的有效突破口 [J]. 思想政治课教学 ,2020(10):27-30.

[29] 朱明光 . 关于活动型思想政治课程的思考 [J]. 思想政治课教学 , 20164,(4):4-7.

[30] 陈炜琦 . 案例教学法在初中道德与法治课中的运用探索 [J]. 法制博览 ,2020(1):228-230+237.

[31] 陆全贵 , 刘桂珍 . 核心素养背景下的学案导学 [J]. 中学政治教学参考 ,2018(31):25-26.

[32] 王红英 . 初中道德与法治与美育深度结合的实践 [J]. 亚太教育 ,2023(8):181-184.

[33] 王燕尔 . 初中道德与法治教学中的兴趣教学法探究 [J]. 科教导刊 (上旬刊),2020(16):134-135.

[34] 顾旭元 . 基于学科核心素养的思想政治活动课堂教学模式探究 [J]. 思想政治课研究 ,2018(6):111-115.

[35] 韩震 . 以学科核心素养为主线优化思想政治课学科育人目标 [J]. 人民教育 ,2018(7):45-49.

[36] 罗锐 . 指向思想政治学科核心素养的单元教学设计策略研究 [J]. 教育观察 ,2021,10(43):72-75.